BoD

**<u>ANNA JANAS</u>**
(geb. Janaszkiewicz)

# Tagebuch
# eines frustrierten Katers

Mit Zeichnungen von
Konrad Borkiewicz

Zweite Auflage, 2014, bearbeitet und ergänzt.

Umwelthinweis:
Dieses Buch wurde auf säure-, holz- und chlorfreiem Papier ge-
druckt.

© Text: 2007, 2014 Anna Janas (geb. Janaszkiewicz)
© Zeichnungen: 2007 Konrad Borkiewicz
Herstellung und Verlag: Books on Demand GmbH, Norderstedt
Coverbild: Konrad Borkiewicz
Redaktion: Dörte Schneider, Angela Kaiser
Bilderbearbeitung: Carsten Simon, www.simonmedien.com
ISBN: 9783738600025
www.bod.de

Die Handlung sowie alle *menschlichen* Gestalten in diesem Buch sind
frei erfunden. Jede Ähnlichkeit mit lebenden oder toten Personen ist
rein zufällig und nicht beabsichtigt. Nur Egon und Max sind garantiert echt.

# *Tagebuch*

## eines frustrierten Katers

Zweite Auflage, 2014, bearbeitet und ergänzt.

## Vorwort von Egon

Liebe Leserinnen und Leser!

Hier bin ich wieder - euer Egon. Und hier ist mein Tagebuch in der zweiten Auflage – alt und neu zugleich. Anna Janas (früher hieß sie übrigens Janaszkiewicz, doch sie hat ihren Namen ändern lassen, was jeder verstehen wird, der wenigstens einmal versucht, diesen Namen fließend auszusprechen), die dieses Tagebuch für mich abgetippt hatte (so gesehen ist sie also gar nicht die Autorin, sondern nur meine Schreibkraft, aber da, wo ich jetzt bin[1], werden Dinge dieser Art prinzipiell mit philosophischer Ruhe betrachtet. Deshalb wollte ich es nur ordnungshalber kurz erwähnt haben) hat sich nämlich endlich dazu überreden lassen, die zweite Auflage meines Tagebuchs zu veröffentlichen. Denn sehr viele meiner neuen Freunde hatten Interesse an dem Buch, aber die alte Auflage war restlos ausverkauft! Dazu kam, dass das Büchlein von diversen dubiosen Anbietern zu horrenden Schwarzmarktpreisen angeboten wurde – und das fanden wir wirklich nicht schön.

---

[1] Egon starb am 01.12.2013  Seine Vita befindet sich auf Seite 140. (Anm. d. Autorin)

Nun haltet ihr das Büchlein in den Händen und ich bin sehr gespannt, wie es euch gefällt. Ich habe mich nämlich dazu entschlossen, mein Tagebuch geringfügig zu bearbeiten.

Diejenigen von euch, die die alte Version kennen und lieben gelernt haben, werden sich vielleicht fragen, warum ich das gemacht habe. War die alte Version etwa schlecht? Natürlich nicht.
Sie war gut und hat meinen treuen Leserinnen und Lesern gefallen, was ich aus zahlreichen Briefen, Mails und Einträgen auf meiner Facebook-Seite weiß. Aber jede/r von euch, die/der schon einmal ein Tagebuch geführt oder irgendetwas geschrieben und nach Jahren wieder ausgekramt hatte, kennt das Gefühl, oder? Liest man etwas Altes von sich, juckt es einen oft förmlich in den Pfoten (oder in eurem Fall: in den Fingern, also sagen wir einfach allgemein für alle Lebewesen: in den oberen Extremitäten) um das Geschriebene zu verändern. Das liegt wohl daran, dass wir uns jeden Tag ein bisschen verändern, und wenn wir die alten Sachen aus einer neuen Perspektive betrachten, spüren wir, dass wir sie jetzt eben anders schreiben würden. Weil einiges an Erfahrung und neuen Sichtweisen dazu gekommen ist.

Aber auch die Nichtschreiber unter euch kennen das: es ist so ähnlich, als wenn man alte Fotos von sich betrachtet und denkt: meine Güte, was für eine Frisur (Kleidung, Make-up, Schuhe etc.) habe ich damals bloß getragen? Wenn man es nur könnte, würde man die Frisur etc. auf diesem Foto am liebsten sofort verändern.

Das geht natürlich nicht, denn die Vergangenheit, also zumindest das Geschehene, Gesagte, Getane und das Fotografierte, ist nun mal geschehen, gesagt und getan. Und auf Fotos verewigt.

Für immer.

Das Geschriebene hat aber den Vorteil, dass es jederzeit geändert werden kann, damit es sich beim Lesen wieder wohl anfühlt.

Als Anna sich bereit erklärte, das Buch neu zu veröffentlichen, habe ich die Gelegenheit ergriffen und habe das eine oder andere an meinem Tagebuch verändern lassen. Nicht inhaltlich, wohlgemerkt, sondern eher nur sprachlich. Und eben aus diesem Grund ist dieses Tagebuch alt und neu zugleich. Das meiste ist beim Alten geblieben, aber diejenigen von euch, die die alte Version gut kennen, werden schon einen gewissen Unterschied merken. Aus der heutigen Sicht fühlt sich für mich die neue Version stimmiger an. Und vor allem vollständiger. Ich hoffe, ihr empfindet es genauso.

Auch Anna begrüßte meine Idee und sagte, mein Wunsch nach Veränderungen im Text sei ihr mehr als recht – denn auch sie habe sich in all den Jahren verändert und einiges in der alten Version sei für sie zu einer Art verhassten Vokuhila-Frisur geworden, die sie nicht mehr sehen könne. Auch sie hatte den Wunsch, das eine oder andere zu verändern und auf diese Weise ist zwischen uns wieder eine wunderbar harmonische Zusammenarbeit entstanden.

Möglicherweise fragen sich jetzt einige von euch, wie Anna und ich überhaupt miteinander arbeiten konnten, wo die Anna doch auf der Erde lebt und ich mittlerweile hier oben verweile.

Das ist eine berechtigte Frage, bloß ich befürchte, ich werde sie euch nicht gut beantworten können. Versuchen möchte ich es trotzdem. Es ist nämlich so: erst wenn man hier oben gelandet ist, erkennt man, dass man all dem, was man auf der Erde hinterlassen hat (auch den Lebewesen) in vielerlei Hinsicht viel näher ist, als zuvor, in der Zeit, als man noch auf der Erde lebte. Es ist schwer

zu erklären, weil es zum einen auf der Erde einen solchen Zustand nicht gibt und zum anderen, weil es Dinge im Himmel und auch auf Erden gibt, die mit Worten nicht zu beschreiben sind. Versteht ihr, wie ich es meine? Falls nicht…. Ein Beispiel: ihr wisst doch alle, wie eine Rose duftet, oder?
Dann versucht es bitte jemandem zu beschreiben, der noch nie an einer Rose geschnuppert hat.
Da habt ihr eines dieser Dinge ☺.

Außer, dass mein Buch sprachlich ein wenig bearbeitet wurde, wurde es um dieses Vorwort, das Vorwort von meinem echten Frauchen und auch um einige Informationen über mich (inklusive Fotos!) und über meine treue Schreibkraft ergänzt. Diese Informationen findet ihr am Ende des Buchs.
Außerdem wurden alle Illustrationen neu bearbeitet, so dass sie jetzt gestochen scharf sind und ich darauf viel besser zur Geltung komme.

Eines wollte ich zum Schluss noch loswerden. Anna sagte mir, es kommt oft vor, dass sich Menschen in Büchern wiedererkennen und dass sie dann sauer sind, weil sie nicht möchten, dass über sie geschrieben wird –

vor allem, wenn sie es faustdick hinter den Ohren haben.

Kann ich irgendwie nachvollziehen. Anna bat mich also, den Lesern in meinem Vorwort mitzuteilen, dass mein Tagebuch eine Mischung aus Wahrheit und Fiktion ist. Waschecht sind nur Max, ich und unsere gemeinsame Geschichte. Die Menschen dagegen, die im Buch vorkommen, ihre Charaktereigenschaften, ihre Geschichten, ihre Worte und ihre Beziehungen zueinander sind frei erfunden. Auch unser Buch-Frauchen ist in mancherlei Hinsicht erfunden: sie hat nämlich zum Glück nicht so schreckliche Freunde, wie im Tagebuch beschrieben. Litentia poetica[2], meine Lieben!

Das einzige, was ich ein wenig schade finde ist, dass ich das Buch nicht mehr persönlich für euch signieren kann. Denn leider ist es

---

[2] *„Dichterische Freiheit"*. Egon liebt die etwas übertrieben gepflegte Sprache und fremdsprachige Ausdrücke, am liebsten lateinischen Ursprungs. (Anm. d. Autorin)
- Der *Schreibkraft*!!! (Anm. v. Egon)
- Oh nein, jetzt geht das schon wieder los… (Anm. d. Autorin)
- Ordnung muss sein! (Anm. v. Egon)
- Ok, ist ja gut… Von mir aus: der Schreibkraft. (Anm. d. *Schreibkraft)*
- Na also. Geht doch. (Anm. v. Egon)
- *\*Seufz\** (Anm. d. Schreibkraft)
- Immer musst *du* das letzte Wort haben! (Anm. v. Egon)

uns hier oben nicht gestattet, in körperlicher Gestalt Ausflüge auf die Erde zu machen, egal wie wichtig der Grund ist.

Deshalb habe ich meiner Schreibkraft, meinem Frauchen und dem Max die Vollmacht gegeben, die Bücher an meiner statt zu signieren.

Mein Frauchen oder meine Schreibkraft Anna schreiben gern eine Widmung hinein und der Max hinterlässt in meinem Namen seinen Pfotenabdruck.

Und wenn ich darüber so nachdenke, erscheint es mir auch völlig berechtigt. Ohne die drei gäbe es das Buch nämlich gar nicht.

So. Genug geredet. Ich wünsche euch viel, viel Freude beim Lesen!

Hochachtungsvoll

Euer *Egon*

## Vorwort von Dörte –
## Egons echtem Frauchen

Als Anna mir 2006 den Anfang von Egons „Tagebuch" mitbrachte – ein paar handbeschriebene und mit einer ihrer spontanen Zeichnung versehene, zusammengeheftete DIN A 5-Blätter –, da ahnten wir nicht, welche Reichweite dieses Projekt noch bekommen würde.

Es war die Zeit, als Max bei Egon und mir einzog und Egon sehr, sehr traurig wurde. Für ein geschlagenes halbes Jahr hatte er das Schnurren eingestellt. Wie das oft ist im Leben ist – man hat so viel, sieht aber nur den Mangel.

An diesem kleinen Eifersuchtsdrama nahm Annas Idee eines „frustrierten Katers" ihren Ausgang, und wir hatten so viel Spaß daran, dass sie die Geschichte weiterspann und schließlich veröffentlichte.

Die Facebook-Seite „Egon der Kater", ursprünglich als Promotion des Buches gedacht, entwickelte sich schnell zum Selbstläufer mit eigenen Geschichten und Aktionen.

Anna und ich greifen dabei immer wieder auf den damals von ihr entwickelten Charakter des unbescheidenen Waldkaters zurück, bauen seine Züge aus und treiben sie, angeheizt durch Egons Fangemeinde, gern auf die Spitze. Egons kühner Vorgriff gleich auf der ersten Seite seines Tagebuches, er sei vermutlich bald berühmt, erwies sich als selbsterfüllende Prophezeiung. Er wurde prominent und gab tatsächlich Interviews (http://katzen-kultur.blogspot.de/2012/08/interview-mit-einem-kater.html und Nordhessen Rundschau vom 10.08.2012). Auch in dem unabhängigen Katzenmagazin „Pfotenhieb" wurden er und sein Tagebuch erwähnt.

Der wahre Egon hat nicht die Selbstgefälligkeit der Figur „Egon der Kater". Er ist ein zartfühlendes Wesen voller Weisheit und Liebe.
Im ersten Moment, als Egon und ich uns in die Augen sahen, ging er mir tief ins Herz und bleibt da für alle Zeiten, auch wenn er jetzt schon sein Unsichtbarkeitsmäntelchen trägt.

Dörte

16

„Wenn ihr mich fragt, ist es in den meisten Fällen
gar nicht die Welt, die Kopf steht, es ist nur unser
Denken, das der Welt einen Zerrspiegel vorhält.
Aber mich fragt ja keiner... "

- Egon der Kater

## 13.02.2006

Mein Name ist Egon.

Mir ist bewusst, dass dies eine recht seltsame Art ist, ein Tagebuch zu beginnen. Ich halte es jedoch für sinnvoll, mich vorzustellen, da ich annehme, dass dieses Tagebuch eines schönen Tages veröffentlicht und von anderen Katzen und vielleicht sogar auch von Menschen gelesen werden wird.

Menschentagebücher werden oft veröffentlicht, das weiß ich, weil mein Frauchen viel und gerne liest – warum also nicht ein Katzentagebuch?

Mir ist aber aufgefallen, dass wenn man so ein Menschentagebuch zu lesen beginnt, man meist keine Ahnung hat, von wem darin die Rede ist. Es sei denn, es wurde von einem berühmten Menschen geschrieben, was ich von mir noch nicht behaupten kann. Ich bin erstens kein *Mensch* und zweitens bin ich nicht *berühmt*.

Noch nicht, wohlgemerkt.

Denn das könnte sich bald ändern[3].

---

[3] Es hat sich auch tatsächlich geändert. Die Veröffentlichung der Erstauflage dieses Buches und der Facebook-Seite von Egon im Jahre 2007 waren nämlich ein voller Erfolg. Seitdem wächst die Egon-Fangemeinde unaufhaltsam (Anm. d. Auto… ähm, der Schreibkraft).

Die Sache mit der Berühmtheit, meine ich, denn es ist klar, dass ich nicht von einem Tag auf den anderen zum Menschen werde. Es sei denn, im nächsten Leben, da man doch sagt, eine Katze hätte neun davon.

Bis dahin, d.h. bis zu jenem Tag, an dem mein Name weit und breit berühmt sein wird und ich Autogramme und Interviews geben werde, halte ich es für angebracht, mich vorzustellen. Es gehört sich einfach.

Ich habe mich oft gefragt, warum Menschen Tagebücher schreiben und bin zu der Erkenntnis gekommen, dass es einfach gut tut, sich Dinge von der Seele schreiben zu können. Es ist eben eine dieser typischen Menschensachen. Schon all die kleinen Mädchen wissen es, die ihre Geheimnisse ihren kitschigen rosa Tagebüchern anvertrauen, weil ihnen sonst keiner zuhören will und auch alle berühmten Menschen wissen es, die mit ihren Memoiren gutes Geld verdienen, sei ihr Leben noch so banal gewesen. Und der Hanno wusste es auch, doch er riet mir, eine persönliche Motivation fürs Schreiben zu finden.

Hanno war mein bester Freund im Tierheim, ein alter Kater von 17 Jahren, körperlich schon etwas kränklich, aber völlig klar im Kopf. Er war die Anlaufstelle für uns alle, unser Kummerkasten, wenn es um große und kleine Probleme ging, weil er immer ein offenes Ohr für uns hatte und uns die Welt in simplen und knappen Worten erklären konnte.

Seine Menschen haben Hanno im Tierheim abgegeben, weil er krank war und seine Behandlung Geld kostete. Und Menschen geben nun mal nur ungern Geld für Dinge aus, die nicht für sie selbst bestimmt sind. Hanno wurde durch seine Krankheit vom Liebling der Familie zu so einem Ding degradiert, aber er nahm es seinen Menschen nie übel. Viele Menschen sind nun mal so, sagte er, sie suchen ihre Erfüllung, indem sie sich Dinge, Tiere und Kinder anschaffen, doch sobald sie ihnen zu anspruchsvoll, langweilig, reparaturbedürftig oder veraltet werden (für Hanno trafen alle vier Eigenschaften zu), werden die alten Sachen weggeschmissen und neue angeschafft. Das Leben der Menschen bekommt durch die Neuanschaffungen einen neuen Glanz und einen neuen Sinn, erklärte Hanno, auch wenn es nur für einen kurzen Augenblick geschieht. Manchmal sind es keine Dinge, die sich Menschen anschaffen, oft sind es eben Tiere oder andere Menschen, die das Leben für einen Moment verschönern und den Menschen das wunderbare Gefühl geben sollen, dass ab jetzt alles ganz anders und viel besser sein wird. Doch sobald dieser Schein wie eine Seifenblase platzt, kommt die große Entsorgungsaktion, vertraute mir Hanno an. Männliche Menschen schmeißen beispielsweise ihre alten Ehefrauen oder Freundinnen weg, weil die neuen doch so viel aufregender, schöner und in jeglicher Hinsicht besser sind. Sie schmeißen ihre Autos, Fernseher und Möbel weg – und schaffen sich neue an. Was die angeschafften Kinder anbelangt, so ist es in der Menschenwelt gesetzlich vorgeschrieben, diese bis zu ihrem achtzehnten Lebensjahr behalten zu müssen. Aber auch das bekommen die Menschen geregelt, denn langweilig gewordene Kinder werden einfach dem Fernseher überlassen, der sie von da an erzieht, betreut und den sie lieb haben können.

Hanno erklärte, all das geschehe deshalb, weil viele Menschen in ihrem Inneren hohl seien und versuchen würden, diese Leere mit anderen Menschen, Tieren und Gegenständen zu füllen. Es müsse so ähnlich sein, als wenn man Hunger habe, meinte Hanno, nur dass das Hungergefühl nicht im Magen, sondern in der Seele sitze. Wobei sich sowohl der Magen als auch die Seele ähnlich verhalten: egal, wie viel man isst, es kommt irgendwann immer ein neues Hungergefühl auf. Hanno hat diese Verhaltensweise der Menschen nie verurteilt, er sagte, man könne den Menschen nicht übel nehmen, dass sie sich wie Menschen benehmen.

Genau dieser Satz brachte mich dazu, mein Tagebuch zu beginnen. Es sind nämlich plötzlich Dinge geschehen, die mein Frauchen veranlasst hat. Dinge, die mein Leben vom Grund auf verändert haben und mit denen ich nur schwer fertig werden kann. Die üblichen Katzen-Methoden für die Stressbewältigung versagten diesmal, vermutlich, weil es sich eben um Ereignisse handelt, die sich durch menschliche Handlungen und Entscheidungen zugetragen haben. Deshalb habe ich mich gezwungen gefühlt, auf eine der menschlichen Methoden zurückzugreifen – auf ein Tagebuch.

Der Hanno erklärte mir einmal, dass man seine Gedanken viel besser ordnen könne, wenn man sie aufgeschrieben habe. Man vertraue sie quasi dem Papier an, man sehe sie schwarz auf weiß und könne dadurch Distanz zu ihnen gewinnen. Man kann sie sich anschauen, mit einem ganz frischen Blick, als wären es die Gedanken von jemand anderem.

Und anschließend, wenn man sie von allen Seiten betrachtet hat, kann man sich mit ihnen anfreunden.

Oder sie ablehnen.

Oder ignorieren.

Oder, oder, oder.

Je nachdem. Möglichkeiten gibt es da viele.

Nun beginne ich dieses Tagebuch und hoffe, irgendwann mit meinen Gedanken ins Reine zu kommen.

\*\*\*

Ich weiß nicht, ob die verehrten Leserinnen und Leser abergläubisch sind. Ich habe mir bis heute keine Gedanken darüber gemacht, denn es war mir von vorn herein klar: so etwas wie Unglückszahlen  gibt es einfach nicht. Doch nun bin ich ziemlich verunsichert. Ich weiß nicht, ob das heutige Datum etwas mit dem ganzen Lauf an seltsamen Ereignissen zu tun hat.

Ganz unbeteiligt kann es einfach nicht sein.

Denn es ist *der 13.* heute.

Für mein Frauchen ist dieses Datum jedes Mal beinahe eine Apokalypse und sie traut sich an solchen Tagen üblicherweise kaum aus dem Haus. Sie sagt, sie sei *überhaupt nicht* abergläubisch, sie sei einfach nur vorsichtig, denn man könne eben nie wissen.

*Ich* sagte bislang, es sei alles Humbug, auch wenn mich keiner danach fragte.

Seit heute aber bin ich mir dessen nicht mehr so sicher und wundere mich nur, wie sich so ein Sinneswandel dermaßen plötzlich vollziehen konnte – wohlgemerkt bei einer Katze, denen ja nachgesagt wird, sie seien die Verkörperung der stoisch-philosophischen Haltung.

Was mich auch zusätzlich an der Geschichte verwirrt, ist die Tatsache, dass heute gar kein *Freitag* der 13. ist! Und ich bin nicht einmal ein schwarzer Kater. Das wäre natürlich eine wahrhaft explosive Kombination und Frauchen würde mir vermutlich den ganzen Tag lang aus dem Weg gehen und mich nicht füttern!

Zum Glück ist mein Fell bräunlich-schwarz, wie es sich für einen Norwegischen Waldkater gehört (na ja, es gibt da noch diese *nur* braunen Norwegischen Waldkatzen, meine Cousins, deren Fellfarbe ich jedoch für nicht besonders edel halte).

Verwirrend ist auch, dass mein Frauchen mich sonst immer ihren Glücksbringer nennt. Wie ist es dann aber bitte möglich, dass ein Glücksbringer so viel Pech haben kann und das noch an einem einzigen Tag? Und wenn man schon der Glücksbringer von jemandem ist – wie kann es sein, dass sich derjenige entscheidet, einem *so etwas* anzutun? Auf diese Frage finde ich noch keine Antwort. Und ich muss zugeben, gerade in solchen Augenblicken vermisse ich den Hanno umso mehr.

Begonnen hat das Ganze allerdings schon vor einigen Wochen. Es bahnte sich recht harmlos an, schleichend und heimtückisch, wie sich eine mörderische Grippe zunächst einmal mit leichten Halsschmerzen manifestiert.

Ich persönlich bin ein außerordentlich gutmütiger Kater und hielt es deshalb für einen kleinen Scherz, als Frauchen vor einiger Zeit auf mich zukam (übrigens *sehr*, sehr ungelegen, denn ich machte gerade mein Nachmittagsnickerchen, das ich üblicherweise auf der Fensterbank im Wohnzimmer halte) und sagte, sie müsse mit mir reden. Ihr Gesicht war heiter, also dachte ich mir, es würde bei dieser Unterhaltung um etwas Angenehmes gehen. Ein neues Schlafkörbchen wäre zum Beispiel eine willkommene Veränderung, ggf. ein etwas größerer Futternapf, eine neue Spielmaus und noch viele andere Sachen, die mein bescheidenes Katzenherz erfreuen würden und auch das Herz meines Frauchens, denn erfahrungsgemäß weiß ich, dass sie immer gut drauf ist, wenn sie mir eine Freude machen kann. Ja, richtig gelesen: mein Frauchen ist ein ganz besonderer Mensch und sie gibt sogar gerne Geld für Dinge aus, die *nicht* für sie bestimmt sind. Hanno würde sich wundern, wenn er das wüsste. Auch ein Mensch kann für eine Überraschung gut sein, würde er bestimmt sagen.

Doch diesmal hat Frauchen sich selbst übertroffen und ich wurde sogar *sehr* überrascht.

Kein neues Körbchen, nein.

Auch kein Futternapf und keine Maus – nichts dergleichen!

Eine junge *Katzendame* werde zu uns kommen, sagte Frauchen, und ich solle nett zu ihr sein, wie ein richtiger Gentleman, wie es sich für einen Kater meiner Rasse und meiner Herkunft gehöre. „Noblesse oblige"[4], sagte Frauchen – da sie gerne und oft fremdsprachige Ausdrücke gebraucht, die sie aus ihren schlauen Büchern kennt. Meine edle Rasse, fügte Frauchen hinzu, verpflichte mich zum edlen Verhalten!

Daraus wurde ich nun wirklich nicht schlau.

---

[4] Adel verpflichtet (Anm. d. Schreibkraft).

Eine Katzendame?

Wozu???

Schließlich gehört mein Frauchen nun wirklich nicht zu jenen Menschen, die sich Dinge, Tiere und Menschen anschaffen, um sich für einige Tage lang glücklich vorzukommen. Sie hat *mich*, ich habe *sie* und das ist für uns Glück genug, und das schon seit Jahren.

Mein erster Gedanke war daher, es handle sich um eine Art Rache für den Sessel, den ich vor einiger Zeit versehentlich – ich *schwöre*, es war ein Versehen – ein wenig zerkratzt habe. Wirklich nur ein wenig, ein ganz kleines bisschen. Und außerdem an einer *fast* unsichtbaren Stelle. Na ja, es sei denn, jemand guckt wirklich sehr penibel hin.

Mein Frauchen tut es meist, leider, und solche Kleinigkeiten erreichen in ihrer
lebhaften Phantasie den Rang eines mittelgroßen Weltuntergangs. Dass sie mir als Konsequenz mit der Anschaffung einer Katzendame drohte, ist zwar noch nie vorgekommen, aber sie hat schon des Öfteren gedroht, mich wieder ins Tierheim zu geben, wenn ich böse war, was ich allerdings nie ernst genommen habe und an sich sehr süß fand, weil:

1. … ich ganz sicher weiß, dass sie mich abgöttisch liebt, total in mich vernarrt ist und mich deshalb *nie* weggeben würde,

2. … ich es im Tierheim gar nicht so übel fand, weil ich massenweise Spielkameraden hatte, gutes Katzenfutter und weil unsere Tierpflegerin auch nicht gerade von schlechten Eltern war,

3. … Kratzen, Sachen-herunter-schmeißenund-dabei-kaputtmachen,   an-Pflanzenknabbern und in-die-Ecke-pinkeln (pardon, korrekt heißt es: „das-Revier-markieren") zum natürlichen Verhalten einer Katze gehören und mein Frauchen ein großer Fan von natürlicher Lebensweise ist, ergo: sie würde mir nie meine katzenartigen Verhaltensweisen übel nehmen.

Die Anschaffung einer Katzendame war daher eine ganz neue Art von Drohung. Aber, wie ich dachte, schon eine dieser lieb gemeinten Drohungen. Ich sei böse gewesen, also werde jetzt eine neue Katze angeschafft, die vieeeel lieber und vieeeel braver sei als der böse, böse Egon.
Andererseits, so dachte ich mir damals, hätte es nicht unbedingt eine Drohung sein müssen. Vielleicht war es doch ganz lieb gemeint? Denn, sehen wir es doch realistisch, so eine

schicke und liebe Katzendame *ist* doch etwas ganz Feines und man kann schon recht viel Spaß mit ihr haben, wenn die verehrten Leserinnen und Leser wissen, wie ich es meine.

Also war ich ein wenig beunruhigt und ein wenig gespannt. Doch die Zeit verging, ich dachte über die Sache nicht mehr nach, bis ich sie irgendwann völlig vergessen habe. Schließlich ist ein Katzenleben reich genug an anderen Ereignissen, über die man nachdenken kann.

Und nun ist dieses *Ding* hier. Es besteht aus zwei Riesenohren, großen, stupiden Glubschaugen, kurzem weiß-schwarz gefleckten Fell, ungeschickten Weichpfoten und ist dazu noch keine Dame, sondern ein *Kerl*.

## 15.02.2006

Heute habe ich etwas Erfreuliches festgestellt. Das Ding wird wohl nicht lange bei uns bleiben! Es ist unfähig, dumm und kann nicht einmal richtig fressen. Wenn mein Frauchen wieder zur Besinnung gekommen ist, wird sie sicherlich eingestehen, dass das Ding die Ursache für das ganze Übel war, welches heute passiert ist und wofür *ich* unschuldigerweise büßen musste. Mein Freund Hanno sagte einmal zu mir, es sei oft so in der Welt, dass die Unschuldigen für die Vergehen anderer büßen müssten, dass aber die Gerechtigkeit immer siegen und das Schicksal einem die schlechten Zeiten vergüten würde.

Hanno hatte immer Recht, da er mit seinen 17 Jahren schon ziemlich alles in dieser Welt gesehen und erlebt hat.

Daher, in der Hoffnung, dass die Gerechtigkeit auch in Bezug auf die heutigen Ereignisse bald ihren Siegeszug antreten würde, kann ich nun in aller Gelassenheit beschreiben, was vorgegangen ist.

Wie jeden Morgen hat mir Frauchen einen Futternapf – pardon – *uns* (leider) zwei Futternäpfe hingestellt. Als sie den Kühlschrank öffnete, kam sofort das Ding trottelig angelaufen und piepste mit seinem dünnen Stimmchen fröhlich vor sich hin. Ich vermute, es wollte mein edles Miauen nachahmen, was allerdings sehr, sehr dürftig ausgefallen ist.

Um ehrlich zu sein, es war *erbärmlich*.

Doch ich will kein strenger Kritiker sein, jeder war mal jung, auch ich, obwohl ich mich sehr gut erinnern kann, dass meine Stimme sich selbst in meiner frühen Kindheit durch ihren ausgesprochenen Wohlklang hervorhob.

Dem Ding war seine Stimmlage vermutlich weitgehend egal, es kam piepsend in die Küche und Frauchen freute sich dumm und dusselig und sagte ständig so etwas wie

„süß", „niedlich" und ähnlichen Blödsinn, wobei diese Prädikate an sich durchaus akzeptabel sind, wenn sie (bei aller Bescheidenheit) *mir* gelten.

In Bezug auf dieses Ding waren sie allerdings lächerlich, einfach nur lächerlich.

Ich möchte an dieser Stelle keine detaillierten Vergleiche anstellen, aber würden die verehrten Leserinnen und Leser lediglich unsere Fellqualität vergleichen (von der Stimme, der Geschmeidigkeit der Bewegung, der Sprungfähigkeiten und anderen katzentypischen Aspekten abgesehen), wäre sofort klar, *wer* von uns beiden der Niedliche und der Süße ist. Es bedarf lediglich reiner Objektivität. Doch Frauchen war heute alles andere als objektiv. Sie hat mich erst gar nicht angeblickt, sie schaute zu dem tollpatschigen Ding und schob mich sogar zur Seite, als ich an seinem Futternapf riechen – *nur* riechen! – wollte, nachdem ich mit meinem eigenen Essen fertig war.

Zu Recht voller Empörung fauchte ich zunächst das Frauchen und dann das Ding an. Das Ding schaute zu mir mit seinen dämlichen Glubschaugen und überlegte sichtlich, was nun zu tun sei und was ich mit meinem Gefauche überhaupt sagen wollte. Es versuchte anschließend, einen Buckel zu machen (was sehr amüsant ausgefallen ist, denn der Buckel sah nun wirklich nicht nach einem ordentlichen Buckel aus, ich meine, mit einem schönen, gleichmäßigen Bogen und voluminös aufgeplusterten Fell) und sprang dann plötzlich senkrecht in die Luft.

An dieser Stelle muss ich zugeben, dass der Sprung gar nicht mal so übel gewesen wäre, wäre das Ding nicht anschließend in seinem eigenen Futternapf gelandet.

Es war ein wahrhaft köstlicher Anblick.

Das gute Biofutter, welches Frauchen liebevoll für teures Geld für uns besorgt und im Schweiße ihres blassen, edlen Angesichts eigenhändig in den dritten Stock geschleppt hatte, verteilte sich in ungleichmäßigen ekelhaften Häufchen, die einen sofort an etwas völlig anderes erinnerten, auf dem gesamten Küchenboden im Umkreis von etwa zwei Metern. Es klebte auch an den Pfoten des Dings, welches es buckelnd und rutschend auf dem übrigen Küchenfußboden verteilte.

Und da – endlich! – wurde Frauchen böse!

In diesem Augenblick überkam mich die Hoffnung, dass die Gerechtigkeit siegte und dass Frauchen endlich verstanden hat, dass einer von uns zu viel in der Wohnung ist, wobei es sich keineswegs um mich oder um Frauchen selbst handelte.

Sie beugte sich über uns, doch als ich mir vor meinem geistigen Auge voller Schadenfreude vorstellte, wie das Ding zurück ins Tierheim gebracht wird, spürte ich eine harte Hand an *meinem* Nacken. Während ich noch überlegte, wie es denn möglich war, dass eine sonst so weiche, sanft streichelnde Hand sich plötzlich wie ein Stück knüppelhartes Holz anfühlte, fauchte mein Frauchen *mich* an, wie meine geliebte Mama es immer zu tun pflegte, wenn ich als kleines Kätzchen etwas ausgefressen hatte.

Dann hob mich Frauchen über den Boden und sperrte mich ins Bad ein.

Ins Bad!

*Mich!*

Ihren *geliebten* Glücksbringer!


Aus Protest legte ich mich auf die Fensterbank und tat so, als würde ich das Ganze nicht als Strafe, sondern als eine Art kleinen Urlaub betrachten. Urlaub von dem Ding und von den Ungerechtigkeiten des Lebens. Der Hanno war es nämlich, der mir einmal erklärt hatte, man könne Menschen völlig aus dem Kontext bringen, indem man so tut, als wäre die Strafe ein reines Vergnügen und als hätte man ein völlig reines Gewissen. Man schlage ihnen damit quasi die Waffe aus der

Hand. Männliche Menschen wissen es sehr wohl und wenn sie Streit mit ihren Weibchen haben, lassen sie sich ihr schlechtes Gewissen nie anmerken, gehen stattdessen in die Kneipe genüsslich Bier trinken, Fußball gucken und andere Weibchen ansprechen und tun so, als hätten sie viel Spaß dabei. Ich hielt es damals für zu weit hergeholt, doch ich muss zugeben, seit ich mit Frauchen zusammen wohne, habe ich diese Methode recht oft angewendet. Ich bin natürlich nicht in die Kneipe gegangen (ehrlich gesagt, weiß ich gar nicht, wo das ist) und habe auch kein Bier getrunken (ich habe ein einziges Mal an einer Bierflasche gerochen und der Geruch, der daraus kam, war schlimmer als der aus unserem Tierheim-Katzenklo). Vom Erfolg dieser Maßnahme habe ich mich dennoch des Öfteren überzeugen können, indem ich einfach den Zufriedenen spielte, wenn man mich bestraft hatte.

Deshalb legte ich mich auch diesmal hin und tat so, als wäre es das reine Vergnügen, sich auf der sonnigen Fensterbank zu räkeln und die wohlige Wärme der Sonnenstrahlen zu genießen.

Ich hörte Frauchen in der Küche mit dem Ding reden, oder eher *zu* dem Ding, denn das Ding war ja blöd und konnte ihr nicht ant-

worten. Ich tat so, als wäre mir die Welt egal
und streckte mich wohlig auf meiner schönen
Fensterbank aus. Das Badfenster geht Richtung Süden, die verehrten Leserinnen und
Leser können sich vorstellen, dass es ein
wunderschöner Kurzurlaub war.
Als Frauchen nach einiger Zeit hereinkam
und mir mitteilte, Max habe bereits aufgefres-
sen, sie selbst habe aufgeräumt und ich könne wieder raus, da reagierte ich nahezu gar
nicht.

Mit „Max" meinte Frauchen übrigens das
*Ding* und dies brachte mich zum Schmunzeln.
Was für ein Name!

Ein Kaisername, doch schau sich einer diesen „Kaiser" an! Ich glaube, alle Herrscher dieses Namens würden sich im Grabe umdrehen, wüssten sie, dass man eine Katze, eine *solche* Katze, ein ungeschicktes *Ding* mit Glubschaugen und Riesenpfoten – mit ihrem Namen belegt hat.

*Max*!

Darüber würden sogar die Hühner lachen. Wir hatten im Tierheim vier davon, drei erwachsene Hennen und ein Küken. Es waren dumme, langsam (wenn überhaupt) denkende Wesen mit wässrigen Augen und monotonen Stimmen, deren Sinn für Humor genauso rudimentär wie ihre Flugfähigkeit war. Doch ich wette, selbst sie hätten an diesem Namen ihren Spaß gehabt.

Wir Katzen dagegen haben einen ausgezeichneten Sinn für Humor und ich musste mich wirklich beherrschen, nicht in schallendes Gelächter auszubrechen, als ich den Namen des Dings zum ersten Mal hörte. Stattdessen öffnete ich langsam ein Auge und schaute mein Frauchen träge an, als hätte ich gerade eben tief geschlafen und fände diese Unterbrechung äußerst unwillkommen. Dann schloss ich das Auge wieder, streckte mich erneut genüsslich und legte mich etwas bequemer hin, wobei ich dem Frauchen den

Rücken zukehrte. Frauchens Blick war voller Verwirrung, ich wusste, dass sie nicht begriff, dass das, was sie als Strafe für mich gedacht hatte, mir deutliches Vergnügen bereitete. Sie blieb noch eine Weile stehen und ging anschließend achselzuckend ins Wohnzimmer.

Ich dagegen tat ich so, als wäre ich froh, das Bad wieder für mich allein zu haben. Leider ging nach einer Weile auch die Sonne weg, sie war jetzt im Wohnzimmer, das auf der Westseite der Wohnung liegt. Ohne den Sonnenschein wurde es kühl im Bad. Am liebsten wäre ich gegangen.

Ins Wohnzimmer, in die Sonne.

Aber leider waren Frauchen und auch das Ding, dieser Max, bereits dort und ich hatte nicht die geringste Lust, mich zu ihnen zu gesellen. Nach einer Weile hatte ich jedoch eine geniale Idee: ich hüpfte lautlos von der Fensterbank und schlich mich ins Wohnzimmer. Ich dachte mir zum einen, Frauchen habe mittlerweile endlich eingesehen, *wer* von uns beiden der Schuldige gewesen ist. Zum anderen war ich überzeugt, sie habe das Ding hart bestraft, und es beispielsweise im Schrank eingesperrt. Oder auf dem Balkon. Wäre das der Fall, so könnte ich mich langsam anschleichen, mich zu ihr legen, zu schnurren anfangen und so tun, als wäre nie etwas vorgefallen. Frauchen würde mich dann streicheln und erkennen, dass sie mich zu Unrecht eingesperrt hatte. Und dass *ich* der liebe Kater bin und dass das Ding ein riesengroßer Fehler gewesen ist.

Ich ging also ins Wohnzimmer, leise, ganz leise, „auf Samtpfoten", wie es Menschen zu sagen pflegen, wobei ich nie richtig erfahren habe, was „Samt" eigentlich ist. Aber ich stelle mir darunter etwas unglaublich Weiches vor, wie das Gefieder des kleinen Kükens bei uns im Tierheim, das ich einmal erfolgreich gejagt und anschließend verspeist habe, als es zufälligerweise aus dem Hühnergehege in unser Freigehege gelangt war.

War das ein Leckerbissen!

Sein Gefieder war weich im Abgang, eben samtweich, doch dann lag es mir doch recht schwer im Magen, woraufhin ich das gesamte Küken wieder auswürgte. Seitdem hatten wir nur drei Hühner im Gehege, aber ich glaube nicht, dass jemand das vierte sonderlich vermisst hatte.

Dieses schöne Jagderlebnis brachte mich zu meinem eigenen Verständnis des Wortes „samtweich". Ich glaube seitdem zu wissen, wie sich Samt anfühlt und stelle mir vor, Samtpfoten aus Kükenflaum zu haben, wenn ich lautlos durch die Wohnung streiche. So leise, dass mich Frauchen noch nie kommen hörte, wenn ich diese Schrittart verwendet habe.

Auch diesmal war es nicht anders. Ich schlich mich an der angelehnten Tür vorbei, blieb jedoch sofort wie angewurzelt stehen, weil mein Fell sich sträubte und ich spürte, dass meine Krallen wie von selbst zum Vorschein kamen.

Ich sah nämlich das *Ding* auf dem Schoß von meinem Frauchen liegen! Dieses Ding, das doch böse gewesen ist und eigentlich auf den Balkon hätte eingesperrt werden müssen!

Aber nein: es lag wohlig auf dem Schoß von *meinem* Frauchen und schnurrte. Oder eher: es *dachte* wohl, es würde schnurren, doch ein richtiges Schnurren hört sich ein wenig anders an.

Im Gegensatz zu meinem Frauchen hörte das Ding mich kommen, es hob den Kopf und schaute mich an. Kein Wunder, es *muss* mich gehört haben, ich vermute, man kann mit seinen überdimensionalen Riesenohren selbst eine Ameise rülpsen hören. Als es mich anblickte, dachte ich zunächst, ich sehe den Triumph in seinen Augen. Doch sein Blick war anders. Verwirrend. Irgendwie nett. So als wollte es sagen: „Na? Immer noch sauer?" Ich konnte mir überhaupt keinen Reim darauf machen. Das Ding hat das Herz meines Frauchens im Sturm erobert und ist nicht einmal stolz darauf??? Will es etwa Freundschaft mit mir schließen? Ich verstand die Welt nicht mehr, ich verstand mein Frauchen nicht mehr. Ich verstand das Ding nicht mehr, aber das Letztere machte nichts, denn ich *wollte* das Ding ja erst gar nicht verstehen. Ich wollte das Ding nämlich gar nicht hier haben, ich wollte seine Freundschaft nicht, ich wollte seine netten Blicke nicht. Das einzige, was ich wollte, war, dass es aufhört.

*Was* aber sollte aufhören? Das konnte ich nicht genau sagen. Hanno würde es wissen, aber er war nun mal nicht hier, also begann ich wieder, in mein Tagebuch zu schreiben, um die Gedanken zu ordnen.

Wenn ich den heutigen Tag so vor meinem geistigen Auge passieren lasse, während ich diese Zeilen schreibe, glaube ich, es ist alles einfach ein Alptraum gewesen. Ich werde morgen aufwachen und feststellen, dass es das Ding nie gegeben hatte. Und falls doch, dann werde ich hoffentlich feststellen können, dass Frauchen zur Vernunft gekommen ist und das Ding weggegeben hat.
Ja, genauso wird es sein.

P.S.: Oder – was ich nicht ausschließe – das Ganze ist eine Art Halluzination, hervorgerufen durch eine Überdosis an Katzenminze…
Ab heute muss ich damit aufhören. Das Zeug zerstört mich noch.
Keine Macht den Drogen!!!


**18.02.2006**

Das Ding ist leider *keine* Halluzination gewesen. Es ist immer noch da, lästig und nervig mit seinen Unschuldsaugen, tollpatschigen Riesenpfoten und seltsamen Freundschaftsangeboten.

Ich muss es loswerden.

Ich *muss*, ich muss einfach.

Ich möchte mein Leben wieder so, wie es war, nur wir zwei – Frauchen und ich. Das Ding ist wie ein Krebsgeschwür, es ist überall, unscheinbar, aber gerade deshalb so gefährlich. Die verehrten Leserinnen und Leser verstehen sicherlich, wie ich es meine: es ist so ähnlich, als ob eine Spinne im Zimmer wäre. Sie ist klein und man sieht sie nicht, weil sie sich irgendwo verkrochen hat, aber es genügt einem schon allein der Gedanke, *dass* sie da ist.

Deshalb *muss ich* das Ding loswerden!

Aber wie?

Ich hatte schon einige Ideen, von denen aber eine törichter als die andere war. Der Hanno hat mir einmal erklärt, Menschen hätten oft törichte Ideen, wenn sie in Verzweiflung handeln würden. Da ich aber kein übereilt handelnder Mensch, sondern eine stoisch veranlagte Katze bin, die jeden Schritt sorgfältig überlegt, habe ich beschlossen, zunächst einen genauen Plan auszuarbeiten, den ich konsequent Schritt für Schritt durchsetzen würde und infolgedessen das Ding endlich verschwinden würde.

Heute habe ich im Rahmen meines Plans den Sessel an einer gut sichtbaren Stelle zerkratzt. Die Idee dahinter war ganz einfach: die Schuld dem Max in die Schuhe zu schieben, so tun, als wäre ich es nicht gewesen. Menschen tun es oft, meinte der Hanno, sie lernen es bereits im Kindergarten und verwenden diese Maßnahme mit Erfolg weiter, auch wenn sie schon erwachsen sind.

Doch bedauerlicherweise ist aus meinem Plan nichts geworden und man könnte sagen, die Sache ist absolut in die Hose gegangen – wenn ich eine Hose hätte. Da ich aber kein solches Kleidungsstück besitze, kann ich dazu nur sagen, dass das Ganze auf eine äußerst katzenunwürdige Weise ausgegangen ist.

Frauchen ist nämlich ein wenig zu früh ins Zimmer gekommen, gerade als ich dabei war, das Innenleben des Sessels mit offensichtlicher Schadenfreude im ganzen Zimmer zu verteilen. Es war leider zu spät, um unauffällig auf die Fensterbank zu flüchten, sich dort blitzschnell hinzulegen, als hätte ich mit der Sache nichts zu tun, und anschließend vorwurfsvoll zu Max zu blicken.

Ich will nicht sagen, dass in diesem Fall meine Reflexe versagt haben – der Stolz einer jeden Katze – aber etwas Ähnliches muss da wohl passiert sein. Doch was auch immer das

war, es ist Max' Schuld, denn seit er da ist, ist nichts mehr, wie es war.
Nicht einmal meine Reflexe.

Als ich nämlich Frauchen kommen hörte und auf die Fensterbank huschen wollte, um dort mit unschuldsvollen Kulleraugen Frauchen entgegenzublicken, bemerkte ich viel zu spät, dass sich der Max bereits dort breit machte. Wegen der vielen Blumentöpfe war auf der Fensterbank leider kein Platz für zwei. Der Sessel war bereits zerkratzt und ich hatte das Corpus Delicti[5]
in Form einiger weißer Fäden an meinen Pfoten kleben und zwischen den Zähnen hängen.

Drei Mal dürfen die verehrten Leserinnen und Leser raten, wer an-

---

[5] Gegenstand des Verbrechens. (Anm. der Schreibkraft)

schließend ins Bad musste.

Es halfen keine Erklärungsversuche, dass es
ein kleiner verfrühter Aprilscherz gewesen ist.
Denn was gewisse Dinge angeht, und insbe-
sondere ihr Mobiliar, hat Frauchen leider
keinen Sinn für Humor und ist da unseren
Hühnern im Tierheim ziemlich ähnlich.
Hanno sagte, nur die weiblichen Menschen
würden übersensibel reagieren, was Möbel
und weitere Einrichtungsgegenstände anbelangt. Den männlichen Menschen sei es weitgehend gleich, ob die Couch zerkratzt ist, ja,
ihnen sei sogar egal, ob sie überhaupt eine
Couch hätten, denn eine Matratze auf dem
Boden tue es schließlich auch.
Nun, manchmal wünschte ich, ich hätte ein
Herrchen statt eines Frauchens. Ich glaube,
das Leben wäre um einiges einfacher.

Und das Schlimmste an der Geschichte war,
dass es im Bad keine Sonne mehr gab.


**21.02.2006**

Seit ich bei meinem Frauchen wohne, habe
ich einige Rituale entwickelt. Meine Mutter
hat mir und meinen Geschwistern immer

wieder erzählt, Rituale seien sehr wichtig für die Menschen. Sie geben ihnen das Gefühl der Geborgenheit und des Wohlbefindens.

Ein Mensch pflegt seine einfachen Rituale, weil er sich damit die Illusion verschafft, in einer heilen und sicheren Welt zu leben. Genauer gesagt: der Mensch *glaubt wirklich* daran, in einer heilen Welt zu leben, sobald er eine Anzahl systematisch wiederkehrender Rituale entwickelt hat. Deshalb feiern Menschen Weihnachten und Geburtstage, deshalb heiraten sie und deshalb bekommen sie Kinder und lassen sich anschließend scheiden und heiraten dann wieder und so weiter. All das gehört zu den menschlichen Ritualen, die einem durch ihre Einfachheit und Vorhersehbarkeit oftmals richtig rührend erscheinen. Denn dass die Sicherheit nicht durch Heiraten, Weihnachten-Feiern oder immerwieder-neue-Dinge-kaufen zu erlangen ist, ist uns Katzen klar und wir können die menschlichen Rituale nur belächeln. Wir haben jedoch Verständnis für diese Schwäche und tragen daher gern zum menschlichen Wohlbefinden bei, indem wir unsere eigenen Rituale entwickeln und diese den Menschen beibringen. Es ist eine verhältnismäßig kleine Mühe, die man sich da machen muss, bedenkt man die zahlreichen Vorteile: als Belohnung für ein gelungenes Ritual bekommt man leckeres Futter, Streichel- und Spieleinheiten.

Mir über die Wichtigkeit der Rituale im Klaren, habe ich von Anfang an einige Angewohnheiten gepflegt, die mein Frauchen und somit auch mich erfreuten.

Da war zum Beispiel – und ich gebrauche hier absichtlich das Wort „*war*", da die verehrten Leserinnen und Leser aus den nachfolgenden Zeilen erfahren werden, warum dies nun der Vergangenheit angehört – unser Begrüßungsritual. Ein Ritual, das ich mir ausgedacht habe, um Frauchens Stress nach einem anstrengenden Arbeitstag zu mildern.

Mein Frauchen ist nämlich berufstätig, was bedeutet, dass sie fast jeden Tag für einige Stunden weggeht und anschließend Geld für Katzenfutter, Katzenstreu, neues Spielzeug und Leckerlis mitbringt. Menschen arbeiten, damit wir Katzen es gut haben, und deshalb gehört es sich, dass sie besonders nett begrüßt werden, wenn sie nach einem anstrengenden Arbeitstag nach Hause kommen.

Ich weiß immer noch, wie sehr sich mein Frauchen freute, als ich endlich – ganze drei Wochen, nachdem sie mich aus dem Tierheim geholt hatte – auf ein angebrachtes Begrüßungsritual kam. Endlich hatte ich *die* Idee, obwohl es mir schon davor nicht an Ideen mangelte, die aber meines Frauchens allesamt nicht würdig waren. *Die* Idee, die ich aber letztendlich entwickelt und seitdem immer wieder mit gleichem Erfolg eingesetzt habe, war, Frauchen an der Tür zu erwarten und mich spielerisch und lässig auf die Seite fallen zu lassen, damit sie mich streicheln und somit ihren Arbeitsstress abbauen konnte.

Alles sollte leicht und geschmeidig aussehen. Einfach auf die Seite fallen lassen und das Gefühl des Wohlbefindens und der Geborgenheit ausstrahlen. Klingt leicht, ist es aber keineswegs. Menschen ahnen nicht, wie viel Mühe und Selbstkontrolle hinter den geschmeidigen, fließenden Bewegungen einer Katze stecken. Das Fallen sollte daher nicht zu schnell erfolgen, damit die Ärmste nicht denkt, dass mir etwas zugestoßen sei, aber auch nicht zu langsam, damit das Ganze eine gewisse katzengerechte Geschmeidigkeit behält. Dann die Pfoten einziehen, runde Augen machen und ein wenig schnurren. Und eventuell mit einer Pfote Frauchens Hand berühren – klingt das nicht perfekt?

Ich habe meine Idee in allen Details durchdacht, mehrmals ausprobiert sowie ganz objektiv und selbstkritisch für gut befunden.

Und als Frauchen an jenem bedeutenden Tage von ihrer Arbeit nach Hause kam, da wartete ich schon im Flur, das Fell glatt geleckt, die Augen aufmerksam und glänzend, den Schwanz aufgerichtet und ein wenig aufgeplustert, aber wirklich nur ein *wenig*, um meinem Fell eine gewisse Leichtigkeit und Fülle zu verleihen.

Der Schlüssel knarrte im Schlüsselloch und da war mein Frauchen, mit schweren Tüten beladen, aus denen der leckere Geruch eines neuen Bio-Leckerlis strömte, das seit einigen Wochen mit derartiger Hartnäckigkeit im Fernsehen angepriesen wurde, dass Frauchen der Versuchung scheinbar nicht länger widerstehen konnte.

Sie kam herein, schloss die Tür und blickte mich mit müden Augen an, fand aber trotzdem ein Lächeln für mich. Ich stand da und wurde immer aufgeregter.

Es war so weit – Showtime!

Zack!

Ich fiel sanft zur Seite, zog die Vorderpfötchen ein, machte Kulleraugen und fing an zu schnurren. Frauchens Reaktion war genauso, wie ich sie mir vorgestellt hatte. Der Hanno hatte Recht, als er sagte, Menschenverhalten sei meist vorhersehbar.

Frauchens Begeisterung ließ die Müdigkeit aus ihrem Gesicht schnell verschwinden, was mich von der perfekten Umsetzung meines Rituals überzeugte. Glücklich setzte sie sich zu mir auf den Boden, streichelte mich am ganzen Körper und als ich dann die Pfötchen-Nummer dazu gegeben habe, da nahm sie mich auf den Arm und kuschelte mich ganz fest. Sie sagte, wie sehr sie sich freue, dass ich mich bei ihr gut eingelebt hätte und dass ich ihr kleiner Schatz sei. Ich dagegen machte es mir bequem in ihren Armen und dachte, dass es sehr schön ist, eine Katze zu sein. Gibt es etwas Schöneres, als anderen derart mühelos Freude bereiten zu können, sei es nur einem Menschen?

Seitdem pflegte ich mein Begrüßungsritual fast jeden Tag. *Fast*, denn manchmal, wenn Frauchen am Vortag böse mit mir war, da begrüßte ich sie nicht, nur um ihr eine kleine Lehre zu erteilen. Weil man Menschen nicht nur verwöhnen soll, sondern sie auch erziehen und ihnen Grenzen setzen muss, erklärte mir einst der Hanno.

Doch die Zeiten der schönen Rituale sind ab heute aus und vorbei und schuld daran ist natürlich der Max.

Als ich nämlich heute, glatt geleckt und ordentlich aufgeplustert, das Frauchen im Flur empfing und schon kurz davor war, mich zur Seite fallen zu lassen, da kam Max, dieses Ding, angerannt. Es rannte so laut, als hätte es Hufeisen an den Pfoten. Ich habe es schon von weitem kommen hören und wurde vorsichtig. Doch gegen das, was anschließend passierte, hätte keine Vorsichtsmaßnahme helfen können.

Das Ding sprang unerwartet auf meinen Rücken, krallte sich dort fest und biss mich ins Ohr. Ich fiel natürlich um, aber es hatte nichts von meiner üblichen grazilen Art an sich, denn das Ding hat mich einfach umgehauen. Ich sprang anschließend vor lauter

Schreck und Schmerz samt dem Ding in die Höhe und landete schließlich auf dem Schuhschrank, auf dem leider ein sehr rutschiges Häkeldeckchen lag, das meinen Krallen keinen Halt geben konnte. Ich, das Deckchen und bedauerlicherweise auch die darauf stehende Kristallschüssel, in der Frauchen ihre Schlüssel und ihr Kleingeld aufbewahrte, fielen zu Boden. Ich selbst habe das Ganze ohne weiteren Schaden überstanden.

Die Kristallschüssel traurigerweise nicht, sie sagte nur „Dong! Klirr!" und verabschiedete sich von ihrem glanzvollen Leben, indem sie in tausend Teile zersprang. Die von Frauchens Uroma geklöppelte Spitzenserviette bekam ein hässliches Loch.

Und das Ding?

Das Ding saß auf dem Schuhschrank, völlig unversehrt, glotzte mich unverschämt an, stand anschließend auf und streckte sein Köpfchen dem Frauchen entgegen, damit sie es streicheln konnte. Was sie auch – natürlich, was denn sonst – tat!

Von der Tatsache abgesehen, dass sie mich damit zutiefst verletzt hatte und dass dieser Max einfach nur ein unverschämter Bengel ist, überlege ich immer noch, wie Max es schaffte, auf dem Schuhschrank sicher zu landen. Ich glaube mittlerweile, er hat beim Absprung von meinem Rücken die Rutschigkeit der lackierten Oberfläche mit einkalkuliert. Ich leider nicht, was ich eigentlich hätte tun *müssen*, denn ich bin hier der Schlaue und Max ist doch doof.

Vielleicht hat er aber ganz einfach eine ordentliche Portion Anfängerglück gehabt.
Aber das ist alles egal, denn ich hasse ihn sowieso.


## 25.02.2006

Ach, wer sagt's denn. Das Ding macht sich hübsch. Für mein Frauchen.
Für *mein* Frauchen!
Es sitzt schon seit einigen Minuten da und leckt sein Fell, reinigt seine Augen und Ohren mit denselben grazilen Bewegungen, die es sich bei mir abgeschaut hatte. Es ist sechs Uhr früh, Frauchen wird bald aufwachen und dann kommt unsere (Frauchens und meine) Zeit für gemeinsames Schmusen und Schnurren, wobei das Schnurren eher mein Fachgebiet ist. Frauchen schmust nur, weil Menschen nicht schnurren können, da ihre

Stimmorgane dazu nicht weit genug entwickelt sind.

Die Zeit nach dem Aufwachen ist *meine* Zeit mit Frauchen, das war sie schon immer und das Ding kann sich noch so hübsch machen, es hat keine, überhaupt *keine* Chance.

Ich muss zwar mit der mir eigenen Objektivität zugeben, dass das Ding in letzter Zeit um einiges hübscher geworden ist. Das heißt – sagen wir es mal so: es ist in seinem Anblick *erträglicher* geworden. Als es zu uns kam, da war es ein mageres, struppiges Etwas mit – wie bereits berichtet – idiotischen Glubschaugen, riesigen Weichpfoten und Ohren sowie mit einem komischen Kegelschwanz, der unkontrolliert stets zur Decke zeigte, anstatt sich geschmeidig den Körperbewegungen anzupassen, wie es sich für eine ordentliche Katze gehört.

In letzter Zeit ist aber der Körper des Dings gewachsen, die Ohren erscheinen jetzt nicht mehr so fehl am Platz. Auch die Augen sind mittlerweile größentechnisch angepasst, der Schwanz sieht jetzt mehr wie ein normaler Katzenschwanz aus, obwohl er nicht so prachtvoll behaart ist wie meiner.

Nur die Pfoten des Dings sind immer noch riesig und es hat immer noch dasselbe rosafarbene Etwas anstelle einer ordentlichen Nase und ein genauso eigenartiges rosafarbenes Etwas an seinem anderen Ende, direkt unter dem Schwanz. Manchmal kann ich die beiden Enden nicht unterscheiden und habe schon des Öfteren Lust verspürt, das Ding zu fragen, ob es mir vielleicht sein Gesicht verkaufen möchte. Schließlich braucht es keine zwei Hinterteile.

Dass ich ihm diese Frage *nicht* gestellt habe, liegt ausschließlich an meiner guten Kinderstube. Solche ungepflegten Äußerungen sind eines Rassekaters meines Standes und meiner Herkunft unwürdig.

**Eine Stunde später.**

Dieser verdammte Scheißer[6].

Ich hasse ihn! Ich hasse ihn! Ich hasse ihn!

*Ichhasseihnichhasseihnichhasseihnichhasseihnich-
hasseihnichhasseihn!!!!!!!!!!!!!!!!!!!!!!!!!!!!!!!!!!!!!!!!!!!!!!!!!!!!!!!!!*

ICH.

HASSE.

IHN.

Wie konnte er es wagen!

Es war halb sieben, als Frauchen aufwachte. Und da war ich schon, wie immer, um ihr guten Morgen zu sagen und anschließend unser morgendliches Ritual einzuleiten.

Und dieses lief bis heute immer gleich ab: ich sprang auf Frauchens Bett, wenn ich der Meinung war, dass sie langsam aufstehen sollte. Wenn sie nicht aufwachte, ging ich zu ihrem Gesicht und schnupperte daran. Meine Schnurrhaare kitzelten sie und meist wachte sie dann lächelnd auf. Wenn sie aber immer noch schlief, machte ich meine vielseitige

---

[6] Dieser Ausdruck, und auch alle weiteren Kraftausdrücke in diesem Buch, stammen nicht von mir, sondern von Egon – ich distanziere mich ausdrücklich davon! (Anm. d. Schreibkraft).
- Die Sprache muss eben glaubwürdig sein! (Anm. v. Egon)
- Ein bisschen *zu* glaubwürdig, du edler Rassenkater, findest du nicht? (Anm. d. Schreibkraft)
- Also wirklich. Unnötige Haarspalterei. (Anm. v. Egon)

Pfötchen-Nummer, wie bei dem Begrüßungsritual, nur dass ich in diesem Fall nicht
ihre Hand, sondern ihr Gesicht berührte.
Sehr wichtig dabei: die Krallen einziehen!
Wenn Frauchen dann *immer noch nicht* aufwachte, was, zugegeben, nur sehr selten passierte, dann setzte ich mich neben ihr Gesicht
und gab ein halblautes, höfliches „Miau!" von
mir. Nicht zu aufdringlich, nicht zu laut, gut
ausgewogen und mit der Betonung auf dem
„-au". Die Betonung auf „Mi-" ist in diesem
Fall nicht angebracht, weil es eher auffor-
dernd klingt und von mir meist bei der Fut-
ter-Aufforderung benutzt wird. Das Miauen
ist überhaupt eine sehr subtile und auf lang-
jähriger Erfahrung basierende Kommunikati-
onsart. Ich weiß, wovon ich rede, denn ich
habe sie mir in konsequenter Übung erarbei-
tet und angeeignet. Ein solches scheinbar
einfaches „Miau" ist ein zweisilbiges Kunst-
werk, ja, ein vokaler Höhepunkt der Schöp-
fung. Es steckt voller Bedeutungen und kann
auf mehrere unterschiedliche Arten interpre-
tiert werden.
In diesem Fall bedeutete es, dass mein Frauchen die Bettdecke heben und mich in ihr
Bett lassen sollte. Dass das „Miau" richtig
ausgewogen und in seiner Botschaft perfekt
ist, zeigt sich in der Tatsache, dass Frauchen

fast immer das tut, worum ich sie bitte: die Decke wird gehoben und ich darf in das warme Bettchen schlüpfen.

Und damit beginnt der schönste Teil des morgendlichen Rituals. Ich liege schnurrend unter der Decke und Frauchen streichelt mich. So geht es einige Zeit lang und irgendwann fragt Frauchen, ob ich vielleicht speisen möchte. Daraufhin springe ich aus dem Bett und laufe in die Küche. Frauchen folgt mir und holt eine leckere Dose Katzenfutter aus dem Vorratsschrank.

Und die Welt ist perfekt.

Oder vielmehr: sie *war* perfekt.

Als ich heute nämlich meine Zeit mit Frauchen in Anspruch nehmen wollte, auf ihr Bett sprang, bereit, mein Weckritual zu beginnen, da kam natürlich Mister Störfaktor in Person angerannt. Mit seinem nach meinem Vorbild schön glatt geleckten Fell.

Da er kleiner und, zugegeben, um einiges leichter als ich ist, war es für ihn auch einfacher, die faltigen und tückischen Hürden der Bettdecke zu überwinden. Natürlich ist *er* als erster an Frauchens Gesicht gelangt. Ich dagegen konnte nur mit stummer Wut beobachten, wie er *meine* Pfötchen-Nummer abzog und dann unter die Decke – unter *meine* Decke! – eingeladen wurde.

Nun gut.

Wenn sie es so wollen, dann sollen sie es so haben. Soll sie ihn doch streicheln, bis er eine Ganzkörperglatze bekommt.

Ich gehe.

Ein richtiger Gentleman weiß, wann er unerwünscht ist.

**26.02.2006**

Rache ist süß!

Welch ein gutes, gutes Gefühl.

Ich kam heute auf eine brillante Racheidee und habe aufgehört, meine Häufchen zu vergraben! Nun habe ich viel Freude dabei, zu-

zusehen, wie das Ding sie für mich ver-
scharrt. Wie es scheint, fühlt sich das Ding
verantwortlich für meine Häufchen.

Ha, ha! Da ist es einem Menschen nicht unähnlich, denn auch viele Menschen fühlen
sich oft für den Dreck anderer Leute verantwortlich und schuften sich für sie ab. Das
Ding ist dabei penibel bis zum Gehtnicht-
mehr; wäre es ein Mensch, so wäre es mit
seinem übertriebenen Ordnungssinn sicherlich ein Weibchen. Frauchen ist zwar selbst
auch ein Weibchen, aber sie wird sich kaputt
lachen, wenn sie das Ding meine Häufchen
vergraben sieht! Und wenn sie erst endlich
bemerkt hat, wie dämlich das Ding ist, wird
sie es weggeben!

Tja, selbst schuld, du *Ding*, du.
Schön weiter vergraben.
Viel Spaß dabei.


## 27.02.2006

Frauchen kam heute nach Hause und sagte gleich an der Türschwelle: „Was stinkt denn hier so? Warst du es, Egon?" – was ich als ein wenig beleidigend empfand, denn ich habe mittlerweile kein Stinkbombenmonopol mehr, was sie ja selbst veranlasst hatte, indem sie das Ding angeschafft hat und woran sie *eigentlich* hätte denken sollen, bevor sie solche Anschuldigungen äußerte.

Die Menschen sind aber so irrational und denken meist ohne jegliche Logik und Präzision, die uns Katzen quasi in die Wiege – ich meine: ins Körbchen – gelegt werden. Normalerweise habe ich die menschliche Irrationalität belächelt, doch heute hat sie mich zu einer überraschenden Erkenntnis gebracht: es könnte möglicherweise durchaus von Vorteil sein, einen Mitbewohner gleicher Art zu haben! Unangenehme Dinge können jetzt sowohl mir als auch ihm angehängt werden, was im Fall der Fälle zahlreiche Vergünstigungen und Strafmilderungen mit sich bringen würde. Und da ich der Schlauere von uns beiden bin – abgesehen von dem Reinfall mit dem zerkratzten Sessel – wäre es kein Problem, gelassen Unsinn zu treiben und alles anschließend dem Max anzuhängen. Aber auch Max könnte sich mit ein wenig Geschick herausreden und wenn wir beide auf unschuldig machen und die Nummer mit den Kulleraugen abziehen würden, *würden* wir beide unschuldig *bleiben*, so viel steht fest. Ich glaube nicht, dass Frauchen es übers Herz bringen würde, uns beide für etwas zu bestrafen.

Obwohl man das natürlich nie wissen kann.

Ich muss zugeben, dass mir die Menschen und ihr oft unergründliches und unlogisches Verhalten immer noch ein Rätsel sind. Aber Hanno sagte mir einmal, man sollte Menschen Menschen sein lassen und von ihnen nicht verlangen, dass sie so klug wie wir Katzen handeln.

Auf jeden Fall stand Frauchen heute an der Türschwelle und rümpfte ihr feines Näschen über meine Stinkbombe, die logisch betrachtet kein Verbrechen war, sondern ein einfaches Produkt meiner gesunden, durch gutes Biofutter geförderten Verdauung. Und Frauchen ist ja eine große Befürworterin der gesunden Verdauung, was sich unter anderem eben im Kauf von teurem Biofutter äußert.

Als sie jedoch da stand, passierte das Unfassbare, was all meine positiven Gedanken über das eventuelle Zusammenleben mit dem Ding und über die daraus resultierenden Vorteile augenblicklich zunichtemachte. Das Ding glotzte nämlich mein Frauchen einen Moment lang an, als würde es überlegen, was zu tun sei (die ungeheure Qual des Denkens stand ihm förmlich ins Gesicht geschrieben), begab sich trottelig auf weichen Pfötchen erneut in die Menschentoilette, wo sich auch mein – *unser* – Katzenklo befindet und begann, vor Frauchens Augen mein Häufchen zu verscharren!

An sich wäre das keine große Aktion gewesen und ich hätte sogar meinen Spaß dabei gehabt, das Ding wieder mal bei seiner Sisyphusarbeit beobachten zu können, doch was mich wie ein Schlag in mein Waldkatzengesicht traf, war Frauchens Reaktion, die selbst schon für einen Menschen dermaßen dumm war, dass ich mich zum ersten Mal in meinem Leben für sie schämen musste.

Frauchen ist nämlich im Schweinsgalopp hinter Max hergelaufen und begann vor lauter Begeisterung zu quieken:

„Wie sauber du bist, mein Schatz! Du kannst es wohl nicht leiden, wenn es nicht gut riecht, ja? Jajajajaja? Wer ist denn das sauberste Kätzchen der Welt? Ja, wer ist das wohl? Mein kleiner Maxischatzi? Jajajaja? Maxiputzi? Maximausi?"

Ich denke, weitere Schilderungen dieser geschmacklosen Szene sind hier überflüssig.

Ich glaube, ich werde streiken.


### 28.02.2006

Heute ist der erste Tag meines Streiks. Ich habe beschlossen, das Futter zu verweigern. Frauchen wird sich Sorgen machen, wenn sie meinen vollen Futternapf sieht. Da sie, für einen Menschen natürlich, ein halbwegs vernünftiges Wesen ist (von der gestrigen geschmacklosen Szene und einigen weiteren Kleinigkeiten abgesehen) wird sie sich schon denken, warum.

Und dann muss das Ding gehen.

**Eine Stunde später.**

Verdammt.

Das Ding hat seine und anschließend auch *meine* Portion verdrückt und das mit einer Geschwindigkeit und Gründlichkeit, die jedem Staubsauger Ehre machen würde. Und Frauchen hat nichts, aber auch *gar nichts* gemerkt.

Ich habe Hunger.


**01.03.2006**

Mein Streik hat keinen Sinn mehr. Nicht, weil ich Hunger habe, denn diesen würde ich mit standhaftem Heroismus und eiserner Selbstdisziplin ertragen, sondern weil mein Streik keinerlei Beachtung findet. Das ist leider einer der Nachteile, die man so hat, wenn man eine Katze ist. Wenn in der Menschenwelt gestreikt wird, dann werden Fahnen geschwenkt, Trillerpfeifen betäuben einem die Ohren und das Ganze wird zu allem Überfluss noch im Fernsehen und im Radio übertragen. Dabei geht es bei Menschenstreiks meist um belanglose Dinge wie irgendwelche Tarife oder Ähnliches, wobei ich nie verstanden habe, welche Art von Futter das eigentlich ist. Scheint den Menschen aber wichtig zu sein, obwohl ich noch nie gesehen habe, dass Frauchen einen Tarif gekauft und gegessen hat. Klingt irgendwie eckig und ist bestimmt nur schwer verdaulich.

Aber in diesem Fall geht es um mein Recht darauf, geliebt zu werden!

Das einzige Recht, für das es sich zu streiken lohnt!!!

Es ist bedauerlich, dass Katzenstreiks in der Menschenwelt nicht beachtet werden. Überhaupt finden jegliche Dinge, welche die Menschen selbst nicht betreffen, nur wenig Beachtung bei ihnen. Das ist auch gerade einer der Gründe, warum Menschen ungern Geld für Dinge ausgeben, die nicht für sie selbst sind, wie Hanno es mir erklärte. Menschen begreifen nämlich nicht, dass sie so ziemlich *alles* betrifft, was auf dieser Erde geschieht.

Ich habe lange über dieses seltsame Verhalten der Menschen nachgedacht und erinnerte mich an ein Pferd, das wir einmal im Tierheim hatten und das Frank hieß. Es war ein altes Pferd und konnte nicht mehr arbeiten. Sein Mensch wollte es erst umbringen und dann Wurst und Schuhe aus ihm machen lassen, aber der Schlachter wollte ihm keinen anständigen Preis dafür zahlen, weil es zu alt war. Da der Mensch nicht weiter wusste, hat er Frank zu uns ins Tierheim gebracht.

Ich sehe es noch vor mir, als wäre es gestern gewesen. Frank hatte stumpfes Fell, seine Mähne war zerzaust und das alte geflickte Zaumzeug hat bestimmt schon Franks Großvater gehört. Frank hatte Scheuklappen auf seinen glanzlosen Augen.

Dennoch wollte er nicht durch das Tor des Tierheims gehen, als hätte er gewusst, dass er dort zurückgelassen werden würde. Sein Mensch schlug ihn mit einer Peitsche, damit er sich endlich vom Fleck rührte, doch dagegen haben die Tierpfleger protestiert. So könne man mit einem Tier nicht umgehen, das einem doch ein Leben lang gedient habe. Franks Mensch schaute die Tierpfleger an und man sah ihm an, dass er nicht wirklich verstanden hat, wovon sie redeten. Vermutlich ist er sein Leben lang auf diese Weise mit Frank umgegangen.

Als der Mensch es endlich geschafft hatte, Frank in die kleine Box einzuschließen und anschließend gegangen ist, wieherte das Pferd einige Tage lang vor Trauer. Später wurde es ruhig und apathisch, wollte nichts fressen, selbst Wasser verweigerte es. Eines Tages starb es ganz still vor Sehnsucht nach seinem Menschen, weil es ihm wohl verziehen hat oder es ihm möglicherweise nicht einmal übel genommen hat, dass sein Mensch es sein Leben lang mit der Peitsche geschlagen hat und dann auch noch Wurst und Schuhe aus ihm machen wollte.

Paradoxerweise geht es den Menschen im Grunde nicht anders. Sie gehen durchs Leben mit ihren mentalen Scheuklappen auf den Augen, sie laufen nur nach vorn, ohne sich umzuschauen, dennoch im tiefen Inneren wohl wissend, dass sie nichts Gutes erwartet, wenn sie so weiter machen.

Der Unterschied zu Frank ist allerdings, dass Frank ein gutes und ehrliches Pferdeherz hatte, das er anderen vorbehaltlos schenkte.

Die Menschen mit ihren mentalen Scheuklappen sind da schon ein wenig anders: *ob* sie ein Herz haben, sind sie sich selbst nicht so sicher. Im Gegensatz zu uns Tieren verachten sie gerne wichtige Sachen, reden sich ein, diese seien unbedeutend, obwohl sie ihnen ihr Herz schenken und ihre Aufmerksamkeit widmen sollten. Es ist eine Art seelischer Filter, der ihnen ein falsches Gefühl von Sicherheit vermittelt. Kein guter Filter, wenn man mich fragen würde – aber mich fragt ja keiner. Es wundert mich auch, warum Menschen diesen Filter nie austauschen. In ihren Autos tun sie es jedenfalls regelmäßig –

da gibt es einen Luftfilter und einen Ölfilter, die immer wieder erneuert werden, weil ansonsten das Auto nicht richtig läuft.

Ein Seelenfilter sollte in meinen Augen mindestens genauso oft ausgetauscht werden, sonst verstopft er und ist unbrauchbar. Vielmehr wird mit einem verstopften Filter der ganze Mensch unbrauchbar, denn er läuft nicht mehr richtig.

Ein gutes Beispiel für die mentalen Scheuklappen der Menschen ist zum Beispiel die witzige Sache mit dem Klima, die neuerdings allgegenwärtig zu sein scheint, obwohl sie jahrhundertelang keine besondere Rolle zu spielen schien. Das Klima ist etwas, was man weder anfassen noch essen kann, also – der Menschenlogik zufolge – existiert es gar nicht und kann im wahrsten Sinne des Wortes wie Luft behandelt werden. Dennoch, das Klima macht den Menschen in den letzten Jahren gewaltig zu schaffen. Die Sommer werden glühend heiß, die Winter scheinen nur noch aus verregnetem Herbst und anschließendem verregneten Frühling zu bestehen und die Kastanie vor unserem Schlafzimmerfenster bekommt schon im Juni braune Blätter, die kurze Zeit später wie kleine Gewissensbisse mit einem vorwurfsvollen Rascheln nach und

71

nach abfallen, um auf dem Bürgersteig einen braunen Fetzenteppich zu bilden.

Folglich – und das verstehen sogar die Menschen – gibt es das Klima *doch* und es ist den Menschen auf einmal wichtig geworden, vor allem, weil sie im Winterurlaub nicht mehr Ski fahren können und im Sommer Hautkrebs bekommen. Ja, es gibt ein Klima, dieses Klima geht kaputt und daran sind nur die Menschen selbst schuld. Die Menschen wissen aber nicht mit dieser neu gewonnenen Erkenntnis umzugehen und versuchen, mit viel Drumherum-Gerede wichtig zu wirken und so zu tun, als würden sie tatsächlich etwas unternehmen, um das Klima zu „retten". Dabei ist Handeln mit Reden nicht gleichzusetzen.

Wir Katzen wissen es und deshalb kann ich es den verehrten Lesern ganz einfach veranschaulichen: wenn ich eine Maus fangen will, muss ich es eben tun – es genügt nicht, wenn ich in der Sonne döse und nur darüber nachdenke, dass ich es tun *sollte*. Unsere Katzenwelt ist viel einfacher gestrickt: will ich die Maus, so fange ich sie mir, ohne viel darüber zu reden. Weil ich ganz einfach weiß, dass ich ansonsten eines elenden Hungertodes sterben würde.[7]

Menschen dagegen sterben lieber, anstatt ihre Allerwertesten in gezielte Bewegung zu setzen – sei es nur auf zwei Beinen. Dabei begreifen sie nicht, dass es gar nicht so viel Bewegung bedarf, denn anstatt das Klima zu „retten", sollten sie es einfach mal in Ruhe lassen. Sie sollten die gesamte Natur in Ruhe lassen – dann würde sich das Klima schon von selbst und ohne die glorreichen Rettungsaktionen der Menschen erholen.

Ich merke gerade, ich bin wieder mal etwas abgeschweift und habe hier über Dinge berichtet, die eigentlich nichts mit mir zu tun haben. Ich frage mich aber nun mal oft, warum sich die Menschen, Frauchen inbegriffen, das Leben derart schwer machen – in so vielen Bereichen.

Gerne würde ich Frauchen fragen, aber ich befürchte, dass sie keine vernünftige Antwort darauf weiß, weil sie oft sagt, sie würde die Welt nicht mehr verstehen. Ich gehe davon

---

[7] Jetzt erzähl doch nicht sowas. Du weißt doch, dass dein Frauchen dich niemals verhungern lassen würde! (Anm. der Schreibkraft)
- Diese Überlegungen sind rein hypothetisch, meine Liebe, es handelt sich um pure Theorie – die Philosophie ist nun mal eine theoretische Wissenschaft. (Anm. von Egon)

aus, dass sie sich selbst auch nicht richtig versteht. Das Verständnis für die Welt hängt nun mal immer mit dem Verständnis seines eigenen Selbst zusammen.

Und als ob all das nicht schlimm genug wäre, habe ich immer noch Hunger.

Hm.

Da mein Streik allem Anschein nach keinerlei Beachtung findet, höre ich eben auf damit und stärke mich mit einer Kleinigkeit, ansonsten falle ich noch vom Fleisch. Die Vernunft ist die Mutter aller Katzen und ich lasse mich nun von ihr leiten.


## 02.03.2006

Heute kam Fräulein Überflüssig.

Eigentlich heißt sie ganz anders, aber ich nenne sie bereits seit unserer ersten Begegnung „Fräulein Überflüssig". Der Name passt zu ihr wie angegossen: Fräulein Überflüssig ist ihrer eigenen Auffassung nach die Vereinigung aller Tugenden in einem perfekten Körper und ist von sich dermaßen überzeugt, dass sie für einen normalen Menschen, für eine normale Katze oder für ein beliebiges anderes normales Wesen einfach unerträglich ist.

Das macht sie *überflüssig*, denn man kann sie nicht gern haben – nicht einmal beim besten Willen.

Nicht überflüssig ist sie lediglich für ihren Schönheitschirurgen, der mit Sicherheit schon einiges an ihr verdient hatte und in Zukunft bestimmt noch einiges verdienen wird. Ich weiß nicht, ob es schon so etwas wie ein 10er-Abo beim Schönheitschirurgen gibt, aber sollte es je dieses Abo geben, so wird Fräulein Ü. die erste sein, die ein solches erwerben wird. Wäre sie heute oder nächste Woche von den Aliens entführt worden, wäre es eine Wohltat für diese Erde und ich glaube nicht, dass sie sonderlich viele Menschen vermissen würden. Vielmehr wäre der eine oder andere erleichtert, sie nicht mehr ertragen zu müssen, beispielsweise ihre eigenen Eltern, die sich – da gehe ich jede Wette ein – sicherlich schon mehrmals vorgeworfen haben, in der Nacht ihrer Zeugung nicht verhütet zu haben. Und auch Frauchen, und somit ich, müssten sie nicht mehr ertragen.

Bedauerlicherweise kommt eine Entführung durch die Aliens eher nicht in Frage. Kein Alien ist so dumm, sich diese Frau anzutun. Ich glaube außerdem, für die wissenschaftlichen Experimente der Außerirdischen taugt sie nicht, weil sie schon lange kein Mensch mehr ist. Soweit ich weiß, hat sie sich die Nase operieren, Botox in die Stirn spritzen und die Schweißdrüsen unter den Achselhöhlen entfernen lassen. Ihr Busen ist garantiert auch nicht echt. Ich habe mir fest vorgenommen, es eines Tages zu überprüfen, indem ich ihr – natürlich *versehentlich* – einen dezenten Kratzer verpassen werde. Fließt ein zähes durchsichtiges Gel aus ihrem Busen, so ist es ein deutliches Zeichen dafür, dass Silikon darin ist. Für den Fall, dass der Busen doch *echt* sein sollte, habe ich mir noch nichts überlegt, aber ich arbeite daran, denn das Rätsel lässt mir keine Ruhe.

Fräulein Ü. ist außerdem Stammkundin in Parfümerien und Drogerien – solche Frauen sind es, denen die Kosmetikindustrie ihre Existenz und ihr kontinuierliches Wachstum verdankt: immer pingelig und fein gestylt, die Haare immer korrekt zu einem modernen, mit Haarlack fixierten Türmchen frisiert mit einer fettigen dicken Locke auf der Stirn, immer frisch lackierte Fingernägel und niemals eine glänzende Nase.

Und außerdem stinkt Fräulein Ü. nach teurem Parfüm – und wenn ich hier „stinkt" sage, dann meine ich es auch so. Ich vermute, ihr Parfümverbrauch liegt deutlich über dem eines Durchschnittsmenschen, wobei das Parfüm bei ihr keinerlei Funktion erfüllt, weil sie ja ohnehin nicht mehr schwitzt.

Lange Rede, kurzer Sinn: ich hasse Fräulein Überflüssig.

Und dafür gibt es, außer den bereits aufgezählten, zahlreiche weitere Gründe.

Zunächst einmal kann ich sie schon allein deshalb nicht leiden, weil sie sich nie die Mühe macht, mich zu begrüßen. Nicht dass ich besonders wild darauf wäre, von ihr begrüßt zu werden – bei all dem Gestank und den langen Fingernägeln – aber es irritiert mich eben, nicht beachtet zu werden. Ich gehöre in dieses Haus und verlange einen gewissen

Respekt oder wenigstens ein Minimum an Höflichkeit. Fräulein Überflüssig weiß aber scheinbar nicht, was „Höflichkeit" bedeutet, sie beachtet nur sich selbst, am liebsten in ihrem kleinen Taschenspiegel, den sie rituell jede Viertelstunde aus ihrem Handtäschchen herausholt. Sie zieht dann einige dämliche Grimassen, blinzelt, macht einen Schmollmund und versteckt den Spiegel wieder, um ihn nach einer Viertelstunde wieder hervorzuholen und die gesamte idiotische Pantomime von neuem zu beginnen.

Ich habe keine Ahnung, wozu das gut sein soll. Es scheint ihr auf irgendeine Art Vergnügen zu bereiten, sich nur mit sich selbst zu beschäftigen. An der Eingangstür schießt sie immer an mir vorbei, huscht ins Wohnzimmer, setzt sich aufs Sofa und schreit nach Kaffee oder – wenn es später am Tag ist – nach Sekt. Und mein gutmütiges Frauchen geht brav in die Küche und tut, wie ihr geheißen.

Das nächste, was mich an Fräulein Überflüssig irritiert, ist die Tatsache, dass sie nicht nur zum Menschsein, sondern auch für jede Art von Freundschaft untauglich ist. Doch Frauchen sieht das leider nicht – genau wie sie Fräulein Ü.'s penetranten Parfümgestank nicht bemerkt, wobei das natürlich auch rein evolutionstechnische Ursachen haben könnte, denn der Geruchssinn der Menschen ist nicht so weit entwickelt wie unserer. Überhaupt scheinen auch viele weitere Sinne der Menschen eher rudimentär vorhanden zu sein, vor allem der Sinn für das Menschliche. Soweit ich weiß, besitzen Menschen nur lächerliche fünf Sinne, mit denen man, seien wir doch ehrlich, das Leben nur äußerst eingeschränkt erleben und erfahren kann. Manche Menschen sind in der glücklichen Lage noch einen sechsten Sinn zu besitzen – den Sinn für Humor –, aber das sind wirklich nur wenige. Den Sinn fürs Menschliche dagegen hat scheinbar niemand, und deshalb haben Menschen so viele Probleme miteinander, untereinander und sogar nebeneinander.

Wenn Frauchen *mich* fragen würde, könnte ich ihr sofort sagen, dass es eine recht seltsame Freundschaft  ist, die sie zu Fräulein Überflüssig pflegt.

Frauchen fragt mich aber nicht.

Schade, denn ich finde, Menschen hätten es um einiges leichter auf dieser Welt, wenn sie sich auf unseren Sinn fürs Menschliche und auf unseren objektiven Rat verlassen würden.

Wir Katzen erkennen nämlich mit unseren zusätzlichen Sinnen immer das wahre Gesicht und das wahre Innere eines Menschen, einer Katze oder eines anderen beliebigen Lebewesens (vielleicht ausgenommen Hunde, denn bei diesen sehr simpel gestrickten Wesen gibt's nicht viel, was man als „Inneres" bezeichnen würde, außer vielleicht den Mageninhalt oder gelegentlich die Würmer).

Unsere aufmerksamen Augen blicken hinter die Fassaden. Wie wir das machen? Die verehrten Leserinnen und Leser kennen mit Sicherheit den starren Blick einer Katze, die jemanden scheinbar regungslos anschaut. Hinter diesem Blick – glaubt mir! – verbirgt sich feinste Hirnarbeit. Er erlaubt uns, in das Innere eines Menschen zu blicken – und ich meine damit nicht seine Eingeweide.

Den Menschen selbst dagegen fehlt diese Fähigkeit gänzlich, wobei ich mir vorstellen kann, dass sie sie vor Urzeiten besaßen und nur verdrängt haben. Seitdem tragen sie ihre Scheuklappen und tun so, als könnten sie es nicht ertragen, wenn jemand – ein Mensch oder eine Katze – sie etwas länger anschaut. Sie bezeichnen es vielmehr als unhöflich, jemanden anzustarren, zumindest in Bezug auf andere Menschen, denn was Katzen angeht, versuchen sie deren hypnotischen Blick ins Lächerliche zu ziehen, indem sie auf die Katze zugehen und sie auf den Kopf tätscheln, als wäre sie der erstbeste Hund. Möglicherweise spüren die Menschen instinktiv die Wahrheit hinter einer Fassade, selbst nach so vielen Jahrtausenden der Verdrängung, aber sie unterdrücken diese Erkenntnis gekonnt. Auch in diesem Fall ziehen sie ihre mentalen Scheuklappen auf und machen brav das Spielchen genannt Zivilisation mit. Objektiv gesehen, verfügen Menschen schon über eine ordentliche Portion an Instinkt, doch ihr ach so zivilisiertes Menschendasein verpönt tierische und somit niedrige, ja, „menschenunwürdige" Verhaltensweisen. Zu denen in der Auffassung der Menschen eben auch Instinkte zählen. Somit beißt sich die Katze in den Schwanz[8]. Dabei wären diese Instinkte oft eine Erlösung für die Menschen und viele Probleme würden erst gar nicht entstehen.

Zugegeben, bei Fräulein Ü. wird der Blick hinter die Fassade durch die schwere Parfümwolke, die solide, stuckartige Schicht von Make-up und die nahezu unüberwindbare Festung ihres Plastikbusens erschwert. Erschwert, aber nicht unmöglich gemacht.

---

[8] Mein Gott, habe ich es wirklich gesagt??? Ein grausames Sprichwort. Und ein erschreckender Beweis dafür, dass die Menschen abfärben... (Anm. v. Egon)

Hätte Frauchen mich bloß gefragt!

So hätte ich sie sofort auf einige Dinge hinweisen können, die Fräulein Ü. gnadenlos bloßstellen würden.

Zum Beispiel auf diese Kleinigkeit, dass Fräulein Überflüssig sich nur dann bei Frauchen meldet, wenn sie etwas braucht.

Ganz schön rational für einen Menschen.

Meist, um etwas mit dem Auto zu erledigen, einen Großeinkauf oder Ähnliches. Fräulein Überflüssig hat nämlich gar kein Auto, weil sie es tatsächlich geschafft hat, drei Mal nacheinander durch die Führerscheinprüfung durchzufallen. Laut Fräulein Ü. lag es an diesem bösen, bösen Prüfer, der keinerlei Sinn für die ach so weibliche Unbeholfenheit von Fräulein Ü. hatte und ihr Punkte für Kleinigkeiten abzog, wie z.B. für das Fahren auf einer Einbahnstraße – allerdings in falscher Richtung. So kam es, dass Fräulein Ü. ab und an die Hilfe eines mobilen Menschen benötigt, der eben naiv genug ist, auf ihre süßen Wörtchen und die gelegentlichen, wirtschaftlich bedingten Freundschaftsbeteuerungen hereinzufallen.

Zu diesen Menschen gehört nun mal Frauchen.

Und so verläuft die Freundschaft zwischen Frauchen und Fräulein Ü. schon seit Jahren nach dem gleichen Muster. Zunächst tastet sich Fräulein Überflüssig vorsichtig vor. Dabei ist sie einer Katze nicht unähnlich, denn auch wir erkunden vorsichtig das Terrain, bevor wir uns ins Unbekannte wagen. Eigentlich eine löbliche Vorgehensweise, wären da nicht die weiteren Schritte. Als nächstes kommen nämlich ein höflicher Anruf und eine Entschuldigung, dass sich Fräulein Ü. bei Frauchen so lange nicht gemeldet habe. Frauchen wisse doch, dieser ganze Stress, so viel beruflich zu tun…

Bei Bedarf wird Fräulein Ü. zum nettesten Menschen der Welt und ihre Stimme hört sich an wie eine himmlische Geigenserenade. Nach dem ersten Anruf folgen in der Regel zwei Tage Sendepause.

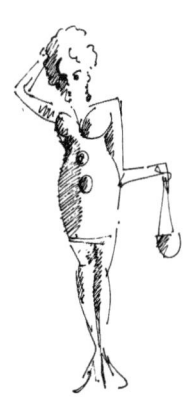

Anschließend der zweite Anruf und die nette Frage, wie es Frauchen so gehe. Ach so, und da wäre doch noch was: da gebe es einen sooooooooooooo wunderschönen Schreibtisch in diesem Möbelladen, Frauchen wisse doch, am anderen Ende der Stadt. Den würde Fräulein Ü. soooo gerne haben … und der

Laden sei ja so weit weg ... oje, oje. Fräulein Ü. habe *keine Idee*, wie sie den Schreibtisch transportieren könne... An dieser Stelle kommt eine gut einstudierte Portion weiblicher Unbeholfenheit, die ich zwar eher als Ausdruck von geschlechtsloser Idiotie bezeichnen würde, die aber dennoch bei den meisten Menschen zieht, männlich oder weiblich. Spätestens dann sagt Frauchen nämlich, es sei doch kein Problem, sie habe doch ein Auto, das sei zwar nicht besonders groß, aber für einen Schreibtisch reiche es allemal. Gerne werde Frauchen den Schreibtisch für Fräulein Ü. transportieren.

Fräulein Ü.'s Standardantwort, stets mit einer hohen, vor Begeisterung piepsenden Stimme, folgt umgehend: oh, ist es *wirklich* möglich? Ja? Oh, das sei sooooo toll! Frauchen sei sooooo eine gute Freundin! Die beste Freundin, die man haben könne! Ob Frauchen mal gleich vorbei kommen könnte, dann könnte man die Sache sofort erledigen, kostet ja nicht viel Zeit?

Tja.

Wenn Frauchen *mich* fragen würde.

Aber sie fragt nicht.

Sie transportiert stattdessen den Tisch, ohne sich zu beklagen und ist noch froh, einer Freundin geholfen zu haben.

Zum Schluss folgt noch ein Höflichkeitsbesuch von Fräulein Überflüssig. Sie spürt, dass sie diese Visite meinem Frauchen schuldet. Sie kommt also, trinkt einige Hektoliter an Kaffee oder Sekt, saugt alle sich im Haus befindlichen Süßigkeiten auf und verschwindet.

Für Wochen.

Oder für Monate.

Bis sie wieder einen Schreibtisch oder fünf Kisten Wasser braucht oder spätabends jemanden vom Bahnhof abholen muss.

Manchmal ruft Fräulein Ü. an, wenn ihr aktueller Freund sie versetzt hat und sie sich das von der Seele (falls sie überhaupt eine hat, was ich ehrlich gesagt bezweifle) reden will.

Manchmal auch, wenn sie Steuerfragen hat, weil sich mein Frauchen recht gut damit auskennt.

Aber niemals ohne Grund, niemals aus Freundschaft.

Einerseits wundert mich Frauchens Naivität, aber andererseits kann ich es nachvollziehen: Menschen sind Herdentiere und Frauchen hat ansonsten nicht viele Freunde. Ich persönlich hätte aber lieber gar keine, als mit jemandem wie Fräulein Ü. befreundet zu sein. Und nichts auf der Welt würde mich dazu bringen, für diese Parfümhexe irgendetwas zu tun.

Ich *hasse* Fräulein Überflüssig.

Als sie heute zur Tür reingeschossen kam, war ich gespannt, wie Max auf sie reagieren würde. Oft habe ich nämlich überlegt, ob ich nicht vielleicht ein wenig voreingenommen bin, was Fräulein Ü. anbelangt. Hanno sagte doch immer, man könne es Menschen nicht übel nehmen, dass sie sich wie Menschen verhalten. Da ich aber nicht viele Menschen kenne, hätte ich theoretisch annehmen müssen, dass es sich im Falle von Fräulein Ü. um ein typisch menschliches Verhalten handelt. Aber das verwirrte mich wiederum, denn Frauchen ist schließlich auch ein Mensch und benimmt sich dabei grundlegend anders. Ich müsste also davon ausgehen, dass beide Verhaltensarten zum menschlichen Dasein gehören – und diese Ambivalenz passte eben nicht in meinen strukturiert veranlagten Katzenverstand.

Aus dieser inneren Zerrissenheit hat sich die Abneigung gegen Fräulein Ü. entwickelt, und zwar gleich seit unserer ersten Begegnung. Ich muss an dieser Stelle gestehen, dass ich mich dafür ein wenig schäme. Denn es ist katzenunwürdig. Nur Menschen entwickeln sofortige Abneigung gegenüber Lebewesen, die anders sind und die sie nicht sofort verstehen. Eine Katze dagegen sollte da schon differenzierter denken – und es belastete mich eben seit langem, dass ich das im Falle von Fräulein Ü. nicht konnte.

Zum Glück habe ich heute feststellen können, dass ich richtig lag und dass ich mit meinen Gefühlen endlich nicht allein war. Denn auch Max hat Fräulein Ü. auf den ersten Blick gehasst. Ich sah es an seinen Augen, die einen Ausdruck hatten, den ich bei ihm bis dato noch nie gesehen hatte.
Ob meine Augen in solchen Situationen auch so eigenartig glänzten?
Gerne würde ich mich im Spiegel anschauen, um es zu überprüfen, bloß komischerweise kann ich mich darin seit einiger Zeit nicht mehr sehen. Ich weiß noch, als ich bei Frauchen einzog, als junger Kater, da konnte ich es noch, auch in der Zeit davor, als ich ein ganz kleines Kätzchen war. Aber seit einiger Zeit geht es einfach nicht mehr. Das beunruhigt mich ein wenig, denn ich kann mich immer noch an den Film erinnern, den Frauchen geschaut hat, und darin ging es um ei-

nen Vampir, der ebenfalls kein Spiegelbild hatte.

Bin ich etwa auch einer?

Dieser Gedanke ist nicht besonders angenehm. Für das Vampirdasein spricht die Tatsache, dass ich keinen Knoblauch leiden kann. Dagegen aber spricht, dass ich im Gegensatz zu den Vampiren die Sonne liebe, aber eigentlich…

Oh.

Tschuldigung.

Bin wohl wieder ein wenig vom Thema abgekommen.

Eigentlich wollte ich über Max' Abneigung gegen Fräulein Ü. berichten. Nun, die Gedanken sind frei, wie die Menschen es zu sagen pflegen. Hält man sie eine Minute lang nicht im Zaum, laufen sie in verschiedene Richtungen wie die Ameisen, die ihren Ameisenhaufen verlassen… Ähm… Wovon sprach ich gerade?

Ach, ja. Von Max' Abneigung.

*Dass* es eine Abneigung war, war mir von vornherein klar, Max' ganze Körperhaltung schrie förmlich: „Geh weg! Lass uns in Ruhe!" Als ich dies bemerkte, passierte etwas Seltsames: ich ging auf Max zu, wir schauten einander an und wussten – ja, wir *wussten beide*, was zu tun ist. Wir mussten unser Frauchen, unser liebes Frauchen vor dieser falschen, blutsaugenden, parfümierten Schlange beschützen!

Es war ein gutes Gefühl, einen Verbündeten zu haben, jemanden, der genauso denkt und fühlt. Plötzlich spürte ich eine Art Verbundenheit zu Max. Zum ersten Mal. Vielleicht deshalb, weil mir klar wurde, dass wir zumindest eines gemeinsam haben: die Liebe zu unserem Frauchen.

Als Fräulein Ü. und Frauchen ins Wohnzimmer gingen, schlichen wir uns hinterher und warteten ein wenig ab, bis die Süßigkeiten auf dem Tisch standen. Wir wussten — oder zumindest *ich* wusste, weil Max Fräulein

Ü. ja zum ersten Mal begegnete – dass Fräulein Ü. das Wohnzimmer nicht verlassen würde, bevor sie alle Süßigkeiten mit ihrem geschminktem Schnabel aufgesaugt haben würde. Und da Frauchen immer so einige Süßigkeiten da hat, hatten wir recht viel Zeit.

Max und ich verständigten uns wortlos über die weitere Vorgehensweise.

Wir begaben uns leise in den Flur.

Ich machte mich dort an Fräuleins Ü. Handtasche ran, die sie diesmal im Flur hatte liegen lassen. Mit viel Freude und detaillierter Sorgfalt zerkratzte ich sie lautlos – mein lautes, vergnügtes Schnurren ausgenommen. Max' Beitrag zu Fräulein Ü.'s Vertreibung überließ ich dabei seiner Entscheidung und seiner Phantasie. In der Annahme, Max würde erst darüber nachdenken müssen, was er machen wolle, beachtete ich ihn nicht weiter und widmete mich mit Wonne dem Tascheninhalt. Das waren zum Beispiel einige braune, lustig raschelnde Geldscheine, ein nett glänzender Schlüsselbund, den ich mit einem Pfotenhieb unter den Schuhschrank beförderte, eine Packung Taschentücher und noch so einiges, was eine schicke Frau unterwegs braucht, unter anderem fünf verschiedene Lippenstifte, zwei kleine Parfümfläschchen, eine kleine Flasche Haarspray und natürlich der legendäre Taschenspiegel. Ich hatte beschlossen, ihn zu zerbrechen, weil Menschen glauben, es würde sieben Jahre Unglück bringen. Und das war die Mindestdauer an Unglück, die ich mir für Fräulein Ü. wünschte, obwohl ich mir der Tatsache peinlichst bewusst war, dass es sehr niedere Gefühle waren. Als ich gerade dabei war zu überlegen, wie ich den Spiegel bloß zerbrechen könnte (manches ist eben doch ganz schön schwierig, wenn man keine Hände zur Verfügung hat), roch ich etwas, was mir in dieser Intensität noch unbekannt war. Ich steckte meine Nase tiefer in die Tasche, in der Annahme, dass es sich um eine neue, besonders geruchsintensive Parfümsorte handelte, doch daraus kam der Gestank nicht.

Die Gestankquelle befand sich eher hinter mir.

Ich drehte mich um und spuckte vor lauter Bewunderung einen sorgfältig eingespeichelten 50-Euro-Schein aus. Über den schönen Lederpumps von Fräulein Ü. (angeblich aus Schlangenhaut, vermutlich passend zum Charakter der Besitzerin) hockte Max und schnitt schreckliche Grimassen. In einem der Schuhe lag das stinkigste Häufchen, das ich bisher gerochen habe. Der Gestank war einfach fürchterlich, es war ein schockierendes

Amalgam an üblen Düften, von denen schon jeder für sich eklig genug gewesen wäre und die alle zusammen einen fast in die Ohnmacht getrieben haben. Es war die Matrix aller Stinkbomben, die eine jede halbwegs normale Menschennase zum Explodieren bringen konnte. Eine reife Leistung eines kleinen Katers, definitiv umgekehrt proportional zu seiner Körpergröße und seinem Verstand. Trotzdem: Respekt! - dachte ich mir, und wäre fast schon neidisch auf dieses Häufchen geworden, doch für weitere Überlegungen gab es keine Zeit. Max richtete sich auf, ging zur Seite und scharrte ordnungshalber einige Male auf dem Parkettboden.

Dann blickten wir wieder einander an, mit dem Ausdruck gutgetaner Arbeit in unseren Katzengesichtern, und verschwanden wie ein Mann, pardon, wie *ein Kater*, lautlos unter dem Bett, welches die angenehme Eigenschaft hat, dass es groß und schwer ist und dass man es nicht einfach so mir nichts, dir nichts verrücken kann, wenn man an etwas kommen will, das sich darunter befindet.

An zwei Katzen zum Beispiel.

Es war ein sehr sicheres Versteck.

Die Zeit verging.

Wir ahnten, es waren nicht mehr viele Süßigkeiten da, was bedeutete, dass sich Fräulein Ü. bald verziehen würde.

Und dann kam tatsächlich das, was kommen musste. Anscheinend waren die Süßigkeiten und der Sekt tatsächlich alle, da wir hörten, dass Fräulein Überflüssig anfing, über ihren Arbeitsstress zu meckern, was bedeutete, dass sie nach einem Vorwand suchte, zu gehen.

Max und ich warteten angespannt.

Und – natürlich – nachdem Frauchen höflich sagte, dass es ihr zwar sehr viel Spaß mache, mit Fräulein Ü. zu reden, aber wenn Fräulein Ü. anderweitige Verpflichtungen habe, verstehe Frauchen, dass sie weg müsse, sprang Fräulein Ü. auf und fragte, ob Frauchen sie nicht nach Hause fahren würde. Es sei ja bereits dunkel, und die öffentlichen Verkehrsmittel seien doch sooo unzuverlässig…

Max und ich schauten uns wieder an. Wir hatten noch nicht zu Abend gegessen, also muss es noch recht früh am Abend gewesen sein. Es war zwar dunkel draußen, aber keineswegs spät. Fräulein Ü. wollte nur ihren Allerwertesten nach Hause kutschiert bekommen und normalerweise hätte der Trick geklappt.

Aber heute geschah es anders.

Frauchen und Fräulein Ü. kamen in den Flur und Fräulein Ü. atmete einige Male ein (es wundert mich, dass sie bei ihrem permanentem Parfümgestank überhaupt noch etwas riechen konnte) und fragte, genau wie Frauchen vor einigen Tagen: „Was stinkt denn hier so?"

Max und ich kicherten.

An dieser Stelle muss ich anmerken, dass sich das Katzen-Kichern vom Menschen-Kichern enorm unterscheidet und dass es so gut wie lautlos ist. Wenn Menschen kichern, geben sie Laute von sich, die einen an das Gackern eines erstickenden Huhns erinnern. Wir dagegen bewegen einfach die Schnurrhaare in einer bestimmten Reihenfolge und bezeichnen das als Kichern. Welche Vorgehensweise eleganter und feiner ist, können die verehrten Leserinnen und Leser selbst einschätzen.

Während Max und ich heimlich kicherten, ertönte ein gewaltiger Schrei, der die Fensterscheiben beben ließ. Fräulein Ü. war ihr Handtäschchen aufgefallen, das schön gleichmäßig zerkratzt war und dessen Inhalt samt zerkauten und eingespeichelten Geldscheinen den Flurboden bedeckte.

Sie schrie und schrie, als hätte sie jemand aufgezogen und wir dachten schon, sie hört nie auf.

„Diese verdammten Katzen!", jaulte sie.
"Ich habe dir doch gesagt, dass diese Mist-
viecher nur überflüssig sind!!! Du sollst sie
weggeben!!! Meine Sachen!!! Sieh dir an, was
sie angerichtet haben!!! Ich möchte sofort
nach Hause!!!"
Wir hörten Frauchen sich entschuldigen,
doch währenddessen explodierte noch ein
Schrei, noch lauter und noch schriller als der
zuvor, der sich in etwa so anhörte, als wäre
ein Hubschrauber
mitten in einem
Hühnergehege
gelandet.

Und da wussten
wir, Fräulein Ü.
hatte ihre Schuhe
entdeckt…
Wer behauptet, Katzen können nicht lachen,
hätte uns in diesem Augenblick erleben sollen. Wir kullerten unterm Bett und lachten
wie verrückt – natürlich auf unsere Katzen-
weise, welche den Menschen tatsächlich etwas eigenartig erscheinen mag.
Wir hörten die Eingangstür knallen und
wussten, dass unsere Bemühungen nicht um-
sonst gewesen waren. Irgendwie waren wir
uns auch sicher, dass wir diese falsche

Schlange nie wieder sehen würden, was uns noch mehr gute Laune bescherte.

Dann hörten wir noch ein Lachen. Ein Menschenlachen.

Neugierig lugten wir unter dem Bett hervor. Frauchen saß auf dem Boden, inmitten von dem ganzen Durcheinander und lachte. Sie lachte so stark, dass sie Seitenstechen bekam. Sie lachte und lachte und konnte nicht aufhören.

Nach einer langen Zeit beruhigte sie sich wieder, doch jedes Mal, wenn sie uns anschaute, lachte sie wieder los.

## 05.03.2006

Ich bin heute wieder wütend auf Max. Schon hatte ich gedacht, Max und ich könnten irgendwie friedlich miteinander oder wenigstens *nebeneinander* existieren, doch jetzt sehe ich, dass es nicht möglich sein wird. Der Grund dafür ist natürlich wieder mal Max' Verhalten.

Doch fangen wir von vorn an.

Ich habe ja schon erwähnt, dass Menschen Rituale brauchen. Und ich habe für mein Frauchen schon viele erfunden.

Über einige habe ich bereits berichtet und ich muss sagen, ich habe das Gefühl, dass Frauchen diese Rituale wirklich zu schätzen weiß und dass sie sich bemüht, etwas Ähnliches für mich zu erarbeiten. Ich beobachte diese Anstrengungen wohlwollend und da ich Frauchens Bemühungen würdige, mache ich auch mit, obwohl mir ihre Rituale manchmal etwas langweilig und vor allem vorhersehbar vorkommen.

Wie ich schon erzählt habe, geht Frauchen fast jeden Tag zur Arbeit. Und jeden Tag, bevor sie aus dem Haus geht, pflegt sie ihr Ritual für mich: sie versteckt für mich mehrere Leckerlis an verschiedenen Stellen der Wohnung, sagt anschließend zu mir: „So, jetzt hast du zu tun, bis ich wieder da bin", und schließt die Tür. Ich warte ab, bis ich ihre Schritte draußen auf dem Bürgersteig höre. Sie steigt ins Auto und fährt los zu diesem Ort, den sie „Arbeit" nennt und an dem sie Geld für Katzenfutter bekommt.
Meine Aufgabe besteht dann darin, die Leckerlis alle – wirklich *alle*! - aufzuspüren und aufzufressen. Manchmal mache ich es sofort, manchmal suche ich über den Tag verteilt nach ihnen – es kommt eben immer auf meine Tagesform und die Stimmung an. Und

wenn Frauchen wieder da ist, überprüft sie die Verstecke und freut sich, was für ein kluger Kater ich doch sei, weil ich alle Leckerlis gefunden habe. Manchmal lasse ich einige Leckerlis mit Absicht liegen, doch auch dann freut sich Frauchen, und zwar über ihre schlauen Verstecke, die ich Tollpatsch nicht entdecken konnte. So oder so ist es immer eine Win-Win-Situation und wir haben beide viel Spaß bei diesem Ritual. Aber seien wir doch mal ehrlich: wäre Frauchen eine Katze, so wüsste sie, dass ich alle Leckerlis gefunden hätte, wenn ich nur Lust dazu gehabt hätte. Meine Güte, diese Dinger riechen doch kilometerweit und wenn ich sie nicht gefressen habe, dann nur deshalb, weil ich keine Lust hatte, auf Schränke und Bücherregale zu springen. Die Haupttugend einer Katze ist nämlich, unnötige Mühe zu vermeiden. In diesem Sinne halte ich es für angebracht, sparsam mit meinen Kräften umzugehen.

Doch selbst wenn ich einige von den Leckerlis liegen lasse, sind sie trotzdem noch *mein* Eigentum, sie gehören *mir* und haben dort liegen zu bleiben. Wenn's sein muss, bis zum jüngsten Tag. Und das ist der Punkt, warum ich heute wieder wütend auf den Max war.

Als Frauchen nämlich arbeiten ging, hat sie nicht gesagt, dass ab heute andere Spielregeln gelten würden. Was im Klartext bedeutete, dass alles beim Alten blieb und dass die Leckerlis immer noch mein Eigentum und nicht für uns beide bestimmt waren. Hätte sie gesagt, sie wären für *uns beide*, so hätte sich eine Art gerechter Wettbewerb ergeben und ich kann mir vorstellen, dass es sogar lustig sein könnte, wenn wir beide, Max und ich, die Leckerlis gemeinsam suchen würden und hinterher schauen könnten, wer mehr davon gefunden hat.

Aber Frauchen sagte *nichts*.

Also, wie an vielen anderen Tagen, habe ich mich nicht sofort auf die Suche gemacht, in der Absicht, den Spaß über den ganzen Tag verteilen zu können.

Ich legte mich zunächst auf meine Vormittagsfensterbank, um mein Nickerchen zu halten, was durchaus einige Stunden in Anspruch nehmen kann, denn gut Ding will Weile haben, wie die Menschen sagen. Nickerchen sind gut, denn sie tun einem gut und es ist keineswegs Faulheit, sondern lediglich eine wohlbedachte Erholung, denn der Stress ist jeder Katze Feind, wie der Hanno mir eingeprägt hatte.

So lag ich dort, wohlig ausgestreckt und ließ die Sonne über mein Fell gleiten.

Plötzlich hörte ich ein leises: *Krrrach!* Es war so leise, dass es vielmehr ein klitzekleines Krrrach! war. Das Krachen wiederholte sich, doch ich sah keinen besonderen Grund, mich damit zu beschäftigen. Es hätte doch alles Mögliche sein können. Das Gehör einer Katze ist sehr empfindlich, verehrte Leserinnen und Leser, wir nehmen so viele Geräusche wahr, dass wir sie einfach nicht alle beachten können, da es uns sonst verrückt machen würde. So schwebte ich weiterhin in meinen erholsamen Traumwelten.

Krrrach!

Schon wieder?

Krrrach! Krrrach! Krrrach! Krrrach!!!!!!!

Plötzlich schoss mir ein erschreckender Gedanke durch den Kopf, der mich augenblicklich hochspringen und ins Wohnzimmer laufen ließ. Ich täuschte mich nicht: Max saß oben auf dem Bücherregal und verspeiste genüsslich *meine* Leckerlis!

Die verehrten Leserinnen und Leser fragen sich jetzt möglicherweise, warum ich nicht sofort reagiert habe, schon als ich das erste Geräusch hörte. Ich hätte doch wissen müssen, wie meine Leckerlis klingen. An dieser Stelle muss ich aber widersprechen, denn zum einen, wie gesagt, nimmt ein Katzenohr so viele Geräusche wahr, dass eine gewisse

selektive Wahrnehmung einfach vorpro-
grammiert ist, und zum anderen muss ich
gestehen, dass ich tatsächlich nicht gewusst
habe, wie sich meine Leckerlis anhören.

Die Erklärung ist aber ganz einfach, denn ich
hätte nie gedacht, dass man diese kleinen
Dinger zerkauen kann! Mein Mund ist nämlich groß genug, um sie einfach herunterzu-
schlucken, ohne meine Kräfte mit der über-
flüssigen Kauerei zu verschwenden. Der blö-
de Max mit seinem Mini-Maul kam jedoch
nicht drum herum, er musste jedes Leckerli
zerbeißen und dabei natürlich jede Menge
unerwünschten Lärm erzeugen.

Welch eine Frechheit und was für ein verzo-
genes Benehmen.

Eine Katze hat elegant und geräuschlos zu
speisen! Und außerdem hat eine Katze das
Eigentum einer anderen Katze liegen zu lassen! Das steht zwar nirgendwo geschrieben,
aber das ist eine allgemeingültige Regel, die
jedem bekannt sein sollte!

Aus lauter Empörung über diesen ungeheu-
ren Regelverstoß machte ich einen gewaltigen
Buckel, fauchte laut und sprang auf das be-
sagte Bücherregal, von dem die nervigen
Knabbergeräusche kamen.

Max zog den Schwanz ein, machte sich klein
und verschwand in Windeseile unterm Sofa.

Soweit, so gut.

Bloß, dass von den Leckerlis kein einziges übrig geblieben ist.

Kein einziges!!!

Wenn Frauchen es wüsste.

Ach Quatsch, ich will mich selbst nicht belügen – was würde *das* schon bringen! Wenn sie es wüsste, würde sie sagen, ich solle nicht so egoistisch sein und teilen lernen. Der Hanno hat es mir auch oft genug gesagt und ich schätze, sie beide haben Recht, aber ich denke auch andererseits, Max hätte mich wenigstens anstandshalber *fragen* können. Das gehört sich einfach! Seit Wochen, seit er hier wohnt, gibt es Leckerlis, und er hat sich kein einziges Mal daran gewagt. Wieso ausgerechnet heute?

Diese Frage würde ich ihm nun allzu gern stellen, aber er hockt immer noch unterm Sofa.

Und ich bin zu … hm, zu umfangreich, um darunter zu kriechen.

Meine Güte, bin ich wütend.

**Zwei Stunden später.**

Mir ist langweilig. Die Leckerlis sind weg und der Tag ist noch so unendlich lang.

Ich glaube, ich gehe erst mal aufs Klo.

**Zehn Minuten später.**

Mir ist immer noch langweilig und ich bin immer noch wütend, weil all das nur Max' Schuld ist.

**Zwanzig Minuten später.**

Ich habe die Lösung aller Probleme gefunden: ich ziehe einfach nach Norwegen!

**06.03.2006**

Geliebtes Norwegen! Ich komme!

O du Heimat meiner Vorfahren! O du Land
grüner, endloser Wälder!
Bald bin ich mit dir vereint, du meine Urheimat. Ja, ich weiß ganz sicher, dass meine
Ur$^{(10)}$großmutter[9] bestialisch und skrupellos
deinem heimatlichen Schoß entrissen wurde,
sie wurde aus ihrer Heimat entführt, um im
Ausland weiteren Generationen von Norwegischen Waldkatzen das Leben zu schenken!
So möchte ich jetzt dorthin, wo meine Wurzeln sind, wo es keine nervigen Babykater
gibt, wo die Katzendamen üppiges Fell haben
und nicht auf Kleinigkeiten achten, wie beispielsweise auf die Tatsache, dass ich kastriert
bin. Und wo, wie ich gehört habe, gutes Bio-
Katzenfutter in appetitlichen 500g-Dosen auf
Bäumen wächst. Norwegen ist das gelobte

---

[9] Egon? (Anm. d Schreibkraft)
- Was ist denn *jetzt* schon wieder? (Anm. v. Egon)
- Was oder wer soll das denn sein, diese
„Ur$^{(10)}$großmutter"? (Anm. d. Schreibkraft)
- Meine Urururururururururururgroßmutter natürlich. Wer
sonst? (Anm. v. Egon)
- War eben ein bisschen unklar… (Anm. d. Schreibkraft)
- Meine Güte. Dass man euch Menschen wirklich *alles*
genau erklären muss… Es ist eben eine neuartige, geniale
Abkürzung. Außerdem wollen wir doch umweltfreundlich
verlegen und Papier sparen, indem wir unnötige Tipperei
vermeiden - da ist es doch eine ideale Lösung, oder?
(Anm. v. Egon)
- Ähm, sicher… (Anmerkung d. Schreibkraft)

Land, meine Urheimat, mein Platz auf Erden. Dort gehöre ich hin.

Zugegeben, ich spreche kein Norwegisch, sondern die verhasste Sprache der Entführer, aber ich denke, es wird nicht Not tun, die norwegische Sprache zu erlernen, denn ich kann mich zu meinesgleichen gesellen, d.h. zu jenen, die, wie ich, nach ihren Wurzeln gesucht und diese gefunden haben. Ich werde mich jenen anschließen, die auf der Suche nach ihrem wahren Ich in ihre Urheimat umsiedelten. Wir könnten dort glücklich leben bis ans Ende unserer Tage, in unserer Heimat, im Land der erfüllten Katzenträume, wo alles besser und schöner ist.

Ich hoffe an dieser Stelle, dass die verehrten Leserinnen und Leser nicht von mir denken, ich würde nur deshalb nach Norwegen ziehen wollen, weil ich dort ein besseres Leben hätte. Nein, diese niederen wirtschaftlichen Gründe wären mir nicht genug, um mich zu der Staatsbürgerschaft eines Landes zu bekennen. Der *wahre* Grund ist, dass es mein echtes Vaterland ist, das Land meiner Vorfahren, das ich unbewusst schon seit meiner Geburt zutiefst vermisse! Wenn ich bei meiner Einwanderung nach Norwegen ein Antragsformular ausfüllen muss, wird dieser Satz darin stehen! Ich hatte nämlich schon immer das Gefühl, dass mir etwas in meinem Leben fehlte. Ich dachte zwar in solchen Augenblicken, ich hätte zu wenig gegessen und hätte Hunger, doch jetzt weiß ich: es war die Sehnsucht nach meinem Vaterland! Ja, ich bin ein Norweger in meinem Herzen, ein waschechter Norweger mit einer rauen norwegischen Seele und norwegischen Vorfahren.

Oh, mein Norwegen! Wie sehr du mir gefehlt hast!

Ich frage mich aber gerade, wo dieses Norwegen eigentlich liegt. Es ist bestimmt nicht sehr weit. Vielleicht gleich hinter diesem Park, den ich vom Wohnzimmerfenster aus sehen kann? Es gibt viele Wälder in Norwegen, das weiß ich und vielleicht ist das, was die Menschen einfach als „Park" bezeichnen, der Vorbote eines echten, urigen norwegischen Waldes? Ach, egal, alles ist unwichtig, denn wenn ich erst mal in Norwegen angekommen bin, werde ich endlich zu Hause sein. Und alles wird besser und schöner in Norwegen! Alles wird anders! Auch mein Name wird sich ändern: ich werde dafür kämpfen, meinen richtigen Namen wiederzuerlangen. Statt „Norwegische Waldkatze" werde ich „Norsk Skogkatt" heißen, so wie es sich gehört, in *meiner* Sprache, in der Sprache meiner Vorfahren. Und meinen Vornamen werde ich in Åggon ändern lassen. „Åggon" – das klingt edel und sehr norwegisch und wenn ich diesen Namen über meine raue Zunge gleiten lasse, spüre ich das Wikingerblut in meinen Adern und ich bin mir *fast* sicher, dass einer meiner edlen Ahnen, einer meiner Ur[10]-Großväter, ein Schiffskater der Wikinger gewesen ist und die tapferen Seeleute gegen Ratten und anderes Ungeziefer auf ihren Seefahrten verteidigte. Oh, und vielleicht war er sogar dabei, als die Wikinger Amerika entdeckt haben? Immerhin kann ich ein wenig Englisch, ich kenne Wörter wie „catfood", „catnip", „mouse" etc., und *irgendwoher* muss ich es doch haben! Ja, es ist ein genetisches Geschenk meiner tapferen Vorfahren, die es gewagt haben, sich auf einem kleinen Holzschiff in die unendlichen Weiten des Ozeans zu begeben und unbekannte Länder zu entdecken!

Norwegen, ich komme!

**Zwanzig Minuten später**

Wenn ich nur wüsste, wer mir diese Dosen aufmachen soll, die in Norwegen auf Bäumen wachsen…

Vielleicht könnte ich Frauchen mitnehmen, es wäre nur gut für sie, sie bräuchte nicht mehr für mein Futter zu arbeiten, sie müsste mir stattdessen nur die Dosen aufmachen. Und vielleicht, wer weiß, gibt es in Norwegen auch Menschenfutterdosen? Wobei ich nicht ehrlich glauben kann dass das, was Frauchen isst, auf irgendeinem *halbwegs* vernünftigen Baum wächst.

Und dann bleibt noch die Frage: wie kommen wir überhaupt nach Norwegen?

Gibt es dort auch Fensterbänke, Kuscheldecken und Katzenminze?

Und wie soll ich Frauchen überhaupt von meinen Umzugsplänen in Kenntnis setzen? Ich meine, mein Frauchen ist ziemlich intelligent für einen Menschen und versteht recht viel: zum Beispiel, wenn ich Hunger habe oder gekuschelt werden will, sie weiß auch, wann sie mich in Ruhe zu lassen hat. Aber wird sie es je begreifen, dass ich nach Norwegen ziehen will?

Und selbst wenn ja, dann wird sie auch diesen Max mitnehmen wollen.

Bloß nicht.

Ich kann kaum beschreiben, welch eine Zerrissenheit der Gefühle ich momentan empfinde! Dies wäre der Stoff für eine klassische Tragödie, die auch eines Sophokles würdig wäre.

## 07.03.2006

Übrigens könnte ich meinen Namen auch in Egøn ändern lassen. Klingt auch schön norwegisch und sieht auch sehr exotisch aus. Vor allem wegen dieses witzigen „ø".

## 08.03.2006

Meine Umzugspläne sind erst einmal zur Nebensache geworden. Frauchen hat heute nämlich geweint. Nur weil Er *wieder* nicht gekommen ist, obwohl Er es fest versprochen hat[10]. An dieser Stelle muss ich einfach ausdrücklich wiederholen: Menschen sollten

---

[10] Egon, jetzt muss ich doch noch einmal nachhaken. Warum wird „Er" groß geschrieben? Ich meine, ich weiß, dass du keine besondere Sympathie für ihn hegtest... (Anm. d. Schreibkraft).
- Er war Frauchen wichtig. Und durch die Großschreibung respektiere ich lediglich diese Tatsache (Anm. von Egon)
- Aber du konntest doch sein Verhalten weder verstehen noch nachvollziehen, also...? (Anmerkung d. Schreibkraft)
- Respekt, meine Liebe, setzt nicht unbedingt voraus, dass man jemanden hundertprozentig versteht (Anm. von Egon).
- Sondern was? (Anmerkung d. Schreibkraft)
- *Seufz*... Ich glaube, ihr Menschen seid noch nicht soweit, um das zu verstehen... (Anm. von Egon).

sich in ihrer Menschenkenntnis auf uns Katzen verlassen! Würden sie auf uns hören, so bliebe ihnen einiges erspart. Frauchen kennt mich doch recht gut und sie hätte es doch eigentlich verstehen müssen, dass ich bei Seinem ersten Besuch bei uns nicht grundlos in Seinen Schuh gepinkelt habe. Nun, Er ist natürlich nicht so hysterisch wie Fräulein Überflüssig geworden und ließ sich nicht so einfach vertreiben. Aber allein schon diese Kleinigkeit, ich meine damit meinen Hass vom ersten Augenblick an, hätte Frauchen zu denken geben müssen.

Frauchen kennt Ihn schon recht lange. Noch bevor ich zu ihr kam, kannte sie Ihn. Damals waren sie – wie Er das immer wieder gerne und oft betont – „gute Freunde". In der Menschenwelt bedeutet dies: Er brauchte sich nicht anzustrengen für Frauchen, Er durfte kommen und gehen, wann es Ihm gefiel, Er konnte auch tun und lassen, was Er wollte und war niemandem Rechenschaft schuldig.
Doch irgendwann wurden sie dann mehr als nur gute Freunde, sie wurden ein Paar und Frauchen war sehr glücklich. Sie hat Ihn zu uns eingeladen, um einen gemeinsamen Abend zu verbringen, weil es doch so schön

ist, wenn man als Pärchen gemeinsam kocht oder fernsieht.

Und sie wollte, dass ich Ihn kennen lerne.

Doch etwas war seltsam an diesem Menschen, etwas, was ich nicht von vornherein präzisieren und in Worte fassen konnte. Etwas sehr, sehr Negatives, was ich mit einem meiner Sinne erspürte. Doch ähnlich wie bei Fräulein Ü. wollte ich nicht übertreiben und habe es durchaus in Erwägung gezogen, mich in meiner Einschätzung möglicherweise zu irren. Doch mein Sinn fürs Menschliche hat auch diesmal nicht versagt. Denn Seine Schattenseiten ließen nicht lange auf sich warten.

Oft hat Er Dinge versprochen, die Er nicht gehalten hat. Wenn Er sagte, Er werde um 17.00 Uhr kommen, war es schon fast wie das Amen in der Kirche, dass es 17.30, 18.00, 19.00 Uhr wurde…

Frauchen machte sich Sorgen. Sie dachte, Er hätte es möglicherweise vergessen und rannte alle 10 Minuten zum Telefon und schaute, ob es auch wirklich funktionierte.

Das tat es.

Frauchen machte sich dann also Gedanken, ob sie Ihn nicht anrufen sollte, doch dann hat sie mir anvertraut, dass Er das gar nicht möge, wenn man Ihn zu oft anrufe. Er sei eben ein freiheitsliebender Mensch, den man nicht einengen solle, sagte Frauchen zu mir, und ich als freiheitsliebende Katze (mit meinen wilden norwegischen Vorfahren) würde es sicherlich verstehen, oder?

Natürlich habe ich verstanden, dass auch Menschen ihre Freiheit brauchen. Aber – im Gegensatz zu Frauchen – kenne ich den Unterschied zwischen dem Freiheitsbedürfnis und dem philosophischen Arschlochismus, den Er permanent an den Tag legte und der nur zum Zweck hatte, ihn vor jeglicher Verantwortung und jeglichen Verpflichtungen zu bewahren. Sich vor Verpflichtungen und Verantwortung zu drücken beherrschte er perfekt und im philosophischen Arschlochismus war Er ein wahrer Meister. Es war das einzige, was Er wirklich gut konnte.

Alles, wirklich alles, selbst die schlimmste Gemeinheit, die Er Frauchen angetan hatte, konnte Er philosophisch und mit einer wahrhaft stoischen Ruhe erklären.

Alles sei doch Frauchens Schuld, hieß es dann, egal was vorgefallen ist.

Sie habe auf Ihn gewartet? Pech gehabt, jeder normaler Mensch, jede selbstbewusste und selbständige Frau würde nicht warten, sie würde allein ausgehen und sich amüsieren.

Frauchen sei eben viel zu abhängig von Ihm geworden, das sollte Frauchen nun wirklich einsehen und schleunigst ändern. Dass Frauchen ständig auf Ihn warte, das sei unzumutbar, das sei eine zu große Belastung für Ihn. Er fühle sich unter Druck gesetzt! Eine solche Beziehung könne Er nicht führen! Frauchens Verhalten sei inakzeptabel, denn jeder Mensch sollte außer der Partnerschaft auch noch andere Freundschaften pflegen!

Frauchen sah es ein.

Sie sah alles, alles, alles ein und änderte sich tatsächlich. Das heißt, sie ist eben ohne Ihn ausgegangen, mit ihren Freundinnen. Leider hatte sie auf diese Weise auch Fräulein Ü. kennengelernt, aber das tut in diesem Fall nichts zur Sache. Jedenfalls hatte sie Spaß und wartete nicht mehr auf Seine Anrufe.

Eine Zeit lang ging das gut, doch dann brauchte das Arschloch in Ihm (die verehrten Leserinnen und Leser verzeihen mir bitte diesen derben Ausdruck, aber ein anderes Wort fällt mir einfach nicht ein, um seinen Charakter wenigstens annähernd zu beschreiben) neues Futter und die Tatsache, dass es Frauchen nun sehr gut ging, gefiel Ihm plötzlich keineswegs, was mich schon damals in Sorge um den Zustand Seines Gehirns versetzte oder eher um den Zustand dessen, was Er anstelle des Gehirns besaß.

Frauchen sei nicht in der Lage, allein zu sein, meinte Er dann nämlich, ja, sie sei abhängig von sozialen Kontakten, sie sei so unselbständig. Ein richtig wertvoller Mensch könne problemlos mit sich selbst und seinen Gedanken allein sein!

Frauchen verstand auch diesen Standpunkt und begann, die Tage allein in der Wohnung zu verbringen. Sie bastelte, malte und las ihre Bücher. Sie hat Ihn auch nicht mehr angerufen, damit Er endlich einsah, dass sie selbständig sei, Ihn nicht brauche und ohne Ihn wunderbar leben könne. Und dass alles so sei, wie Er sich das gewünscht hatte.

So richtig glücklich war sie damit aber nicht. Denn es ist nun mal schön, Freude zu haben, es ist schön, einen liebevollen Partner zu haben. Es ist auch in Ordnung, mal allein zu sein. Aber schön und stimmig ist das alles nur dann, wenn es im Einklang miteinander koexistiert.

Frauchen wusste das tief in ihrem Herzen und verstand irgendwann die Welt nicht mehr. Sie verstand Ihn nicht mehr.

Nach einer schlaflosen Nacht konnte sie nicht mehr widerstehen und rief Ihn an.

„Oh, dich gibt's auch noch?", fragte Er mit beleidigter Stimme und ich schwöre den verehrten Lesern (bei meinen langhaarigen Wikingervorfahren!), wenn ich gekonnt hätte, hätte ich Ihm in diesem Augenblick die Augen ausgekratzt. Ich machte stattdessen einen Buckel und fauchte das Telefon an, aber weder Frauchen noch Er am anderen Ende der Strippe haben es wahrgenommen. Er ging stattdessen glatt zu einem philosophisch-arschlochistischen Vortrag über, das heißt zu einem Seiner Monologe, die meist genauso viel Inhalt wie ein Stinktierfurz hatten und die mit dem besagten Furz eine weitere Gemeinsamkeit hatten, nämlich dass einem übel davon wurde.

Diesmal warf Er Frauchen vor (und zwar so laut, dass ich alles problemlos mithören konnte), sie würde sich viel zu sehr isolieren. Sie müsse doch unter Menschen gehen, denn offensichtlich leide sie an einer Art sozialen Phobie! Der Umgang mit Menschen falle ihr schwer, sie sei doch förmlich zu einer Einsiedlerin geworden, am besten sollte sie in eine WG ziehen, wo sie ständig Menschen um sich hätte.

Mich hat in diesem Augenblick nur interessiert, was Hanno zu diesem verbalen Durchfall sagen würde. Frauchen dagegen sagte nichts, blickte unverstehend in die Ferne und dann bemerkte ich etwas, was ich bis dahin noch nie gesehen hatte: zwei durchsichtige Wassertropfen rollten ihre Wangen runter, und ich wusste zunächst gar nicht, was das zu bedeuten hatte.

Mittlerweile weiß ich natürlich, dass es Tränen waren.

Menschen weinen, wenn sie etwas Schmerzhaftes erlebt haben, etwas, was ihrer Seele wehtat. Das Weinen soll Menschen von den übrigen Tieren unterscheiden, hat der Hanno mal erklärt, denn es ist ein Beweis dafür, dass Menschen eine Seele haben. Aber auch wir, d.h. nicht nur die Katzen, sondern alle anderen Tiere, würden eine Seele besitzen, sagte Hanno. Denn auch wir Tiere empfinden Schmerz und Leid, Freude und Neugier… Dennoch unterscheiden sich Menschen und Tiere voneinander. Denn nur die Menschen weinen.

Warum das so ist, ist am einfachsten an einem Beispiel zu erklären: wir Katzen leben ein einfaches Leben und machen uns selbst keine Probleme. Deshalb weinen wir auch nie. Mit so jemandem wie Fräulein Überflüssig hätte sich keine Katze abgegeben. Und diesen Kerl hätte eine Katze nicht einmal mit ihrem Hinterteil angeguckt.

Diese Fähigkeit erleichtert uns ungemein das Leben, was natürlich nicht heißt, dass wir keine Enttäuschungen erleben! Neulich zum Beispiel war ich sehr enttäuscht darüber, dass es zu Mittag Truthahnhäppchen in Gelee gab, wo Frauchen doch sehr gut weiß, dass ich weder Truthahn noch Gelee mag!

Doch auch da gibt es zwischen uns und den Menschen einen Unterschied: *wenn* es soweit ist, *wenn* wir schon enttäuscht worden sind, dann haben wir Katzen eine unübertroffen wirksame Methode, damit fertig zu werden: wir gehen einfach schlafen. Oder eher, wir legen uns hin und tun so, als ob wir schlafen würden.

Die verehrten Leserinnen und Leser werden an dieser Stelle sicherlich schmunzeln, doch ich hoffe, die nachfolgenden Erklärungen sind plausibel genug, um euch davon zu überzeugen, dass es sich bei diesem Verhalten keineswegs um einen passiven Rückzug handelt. Ich weiß, wovon ich spreche, denn ich habe diese Methode mein Leben lang erfolgreich angewendet.

Nur ein einziges Mal hat sie versagt – als Max zu uns kam, was dazu führte, dass ich dieses Tagebuch zu schreiben begann. Ansonsten aber kann ich mich nicht erinnern, mit der Schlaf-Methode *keine* Lösung gefunden zu haben.

Der Schlaf hat in einem Katzenleben einen ganz besonderen Stellenwert. Er hat unzählige Facetten: mal ist es eine Meditation, mal ein kurzes, intensives Krafttanken, mal eine Art, die Welt zu beobachten und mal ein in-sich-Hineingehen.

Ich persönlich halte es für ein wunderbares genetisches Geschenk, das allen Mitgliedern meiner Spezies vererbt wird. Dadurch sind wir in der Lage, bei jeglichen Problemen vor allem die Ruhe zu bewahren.

So etwas können Menschen nicht.

Menschen *sagen* zwar oft, dass das oberste Gebot „Ruhe bewahren" heißt, sie haben diesen Spruch sogar auf großen Postern an ihren Türen kleben, doch in Wirklichkeit sind es nur leere Worte. Menschen verhalten sich oft hektischer als Ameisen, in deren Ameisenhaufen zufällig mal ein Düsenjet abgestürzt ist. Bei kleinsten Problemen fangen sie an, seelisch zu zappeln, sich tausende „was-wäre-wenn"-Gedanken zu machen, die insofern nutzlos sind, weil sie nichts, aber auch gar nichts zur Lösung des Problems beitragen. Menschen bekommen bei Problemen hohen Blutdruck und Herzinfarkte oder landen an einem Ort, den Frauchen als „Klapsmühle" bezeichnet, was allerdings mit Sicherheit kein schlechter Ort sein kann, denn wo eine Mühle ist, sind auch viele Mäuse.

Man hätte zwar denken können, dass nach so vielen Jahrhunderten – ja, Jahrtausenden der Koexistenz Katze-Mensch die Menschen von uns gelernt hätten, in ihren Verhaltensweisen etwas vernünftiger zu sein. Dem ist aber nicht so, da nicht nur die Sinne, sondern auch die Lernfähigkeit der Menschen offenbar in vielerlei Hinsicht eingeschränkt ist.

Wir Katzen sind da wirklich viel schlauer, wenn wir irgendwelche Probleme auf uns zukommen sehen. Denn wir gehen einfach schlafen.

Menschen dagegen *sagen* oft, dass sie über etwas „schlafen" müssen, aber in der Praxis sieht es so aus, dass sie sich die ganze Nacht hin und her wälzen und gar nicht zu Ruhe kommen.

Wir Katzen machen es ganz anders. Wir genießen den Schlaf und vertrauen voll und ganz auf seine heilende Wirkung. Wir lassen uns in den Schlaf fallen und tanken dadurch Kraft.

Sobald ich mich hingelegt habe, ist die Welt wie verändert. Ich rolle mich zusammen und spüre die Wärme meines eigenen Körpers. Es ist alles ruhig, draußen, in der Wohnung, in mir. Meine Decke ist schön warm. Ich beobachte die Welt durch halbgeschlossene Augenlider, und alle Konturen um mich herum verschwimmen und werden weich. Auch die Enttäuschungen oder Probleme, die vor einigen Augenblicken noch so scharf und präsent waren, mildern ihre Umrisse und erscheinen sanfter und irgendwie weniger wichtig. Ich beobachte das Leben um mich herum und lasse es unbeteiligt auf mich wirken.

Irgendwann schlafe ich ein, ohne hektische Gedanken und ohne Angst. Die Decke ist kuschelig, das Zimmer ist warm und es geht mir gut. Und wenn ich am nächsten Tag aufwache, dann ist das schlimme Erlebnis nur noch halb so schlimm.

Oder gar nicht mehr schlimm.

Oder gar lächerlich.

Oder ich finde plötzlich eine gute Lösung und es kommt mir vor, als ob mein entspanntes Gehirn einen Bungee-Sprung gemacht hätte und ich anschließend alles aus einer völlig neuen (meist auf den Kopf gestellten) Perspektive sehen würde.

Menschen können das nicht.

Frauchen kann das nicht.

Und ich meine damit nicht nur die Tatsache, dass sie sich nicht auf einer Decke zusammenrollen kann. Ich finde, das Zusammenrollen (an sich eine wonnige Angelegenheit) ist an der Sache am wenigsten wichtig, viel wichtiger ist es, die Welt aus einer Distanz erleben zu dürfen und die Dinge im rechten, objektiven Licht zu sehen.

Frauchen dagegen passt sich lieber den Launen dieses halbhirnigen Möchtegern-Philosophen an und sie gibt Ihm Recht in ziemlich allen Dingen, als wäre es zu schwierig für sie, sich ihre eigene Meinung zu bilden. Dass das einzige Problem des Kerls Er selbst ist, das ist ihr bislang nicht aufgefallen. Sie bemerkt nicht, dass, egal was sie auch tut, es für Ihn nicht richtig sein *kann*, weil dieser Mensch selbst nicht weiß, was er will. Natürlich ist es für Ihn bequemer, Seine eigenen Macken und Seine Unentschlossenheit auf jemanden zu projizieren und sich dann somit quasi selbst sauer sein zu dürfen, ohne dabei zugeben zu müssen, dass er selbst die Quelle seiner Probleme ist.

Das machen Menschen schließlich recht oft.

Die jungen Eltern beispielsweise, die ihre Kinder schlagen, weil sie die Ergebnisse ihrer eigenen Erziehung, die ihnen von ihrem Nachwuchs unter die Nase in Form von entsprechendem Verhalten gerieben werden, nicht ertragen können. Die Kinder seien böse gewesen, unerträglich, einfach nur frech, heißt es in solchen Fällen und es gibt Eltern das Recht, ihrem Kind – und somit sich selbst – eine ordentliche Ohrfeige zu verpassen.

Dieser Kerl ist in Seinem Verhalten nicht anders: Er versucht Frauchen zu erziehen und kann es anschließend nicht leiden, wenn sie Seinen Hinweisen folgt, die Er offenbar unbewusst selbst für hirnrissig hält. Und weil Er seine eigenen Einfälle nicht leiden kann, verpasst Er Frauchen immer wieder eine emotionale Ohrfeige.

Ich persönlich finde, da gäbe es nur eine Lösung: Er sollte sich eine Katze anschaffen. Nur eine Katze weiß, einen Menschen auch im Erwachsenenalter *richtig* zu erziehen, ohne dass dieser es überhaupt wahrnimmt. Doch eine Katze kommt für Ihn nicht in Frage, denn ein Haustier bedeutet Verantwortung und gegen Verantwortung ist Er ja allergisch. Das denke ich zumindest, denn Er fängt immer an, sich am Kopf zu kratzen, Seinen Allerwertesten hin und her zu bewegen und die Beine übereinander zu schlagen, sobald

während eines Gesprächs das Wort „Verantwortung" gefallen ist. Vielleicht ist es auch
keine Allergie, sondern einfach nur Würmer
im Hintern – schließlich muss auch ein
Mensch wie Er eine Art Innenleben haben.
Aber seien wir ehrlich, selbst wenn Er die
Pest hätte, wäre es mir auch egal.

Frauchen dagegen nimmt Seine mentalen
Ausdünstungen absolut ernst. Sie hat sich
sogar nur Seinetwegen einen Anrufbeantwor-
ter gekauft[11], weil sie keinen Anruf von Ihm
verpassen wollte. Das hat sie Ihm natürlich
nicht gesagt, denn es würde heißen, dass sie
zu sehr auf Ihn fixiert sei und das würde für
Ihn wiederum Verantwortung bedeuten, was
wiederum viel Kopfkratzen und Hinternwa-
ckeln bedeuten würde…

Er nutzt selten den AB, denn wegen Seiner
phlegmatischen Langsamkeit, auf die jedes
Faultier stolz wäre, passiert es schon mal ab
und an, dass während Seiner bedeutungs-
trächtigen Denkpausen, die Er beim Spre-
chen auf den AB macht, das Gerät automa-
tisch ausgeht.

---

[11] Für die jüngeren Leser: die Erstfassung dieses Buchs
entstand im Jahre 2006 und wurde 2007 veröffentlicht. Da
gab es tatsächlich noch einige Telefone ohne Anrufbeant-
worter - man kaufte diese Dinger separat. (Anm. d.
Schreibkraft)

Der AB schaltet sich nach ungefähr acht Sekunden Stille ab. Es scheint zwar ein kurzer Zeitraum zu sein, doch wer so denkt, sollte auf seine Armbanduhr schauen und dabei versuchen, acht Sekunden lang zu schweigen! Es ist *verdammt* lang.

Zu Recht haben die Hersteller angenommen, dass, wenn jemand acht Sekunden lang nicht spricht, das Gespräch beendet wurde. Dass jemand acht Sekunden lang über den nächsten Satz nachdenken kann, darauf kommt kein normaler Mensch.

Das sollte dem Kerl zu denken geben, doch Denken gehört offenbar nicht zu Seinen Stärken, obwohl Er immer wieder laut und deutlich das Gegenteil verkündet. Nun ja, unsere Hühner im Tierheim gackerten auch immer laut, was allerdings keineswegs bedeutete, dass sie dabei gerade den Gipfel ihrer denkerischen Leistungen erklommen. Ich selbst dachte zwar eine Zeit lang, *ich* könnte Ihn zum Nachdenken bringen, durch einfache Taten statt leerer Worte. Ich habe, wie bereits berichtet, in Seinen Schuh gepinkelt und diese Tat sagt schließlich mehr als 1000 Worte. In meiner Naivität hoffte ich, einen Funken Intelligenz in Seinem von Drogen aufgeweichten Gehirn ausgelöst zu haben. Der Hanno hat mich immer gewarnt, man solle nicht zu viel an Katzenminze schnuppern, weil das Gehirn dadurch schwammig wird, und ich bin sicher, diesem Kerl hätte die Bekanntschaft mit Hanno gut getan. *Was* Er nimmt, ist mit Sicherheit keine Katzenminze, aber es riecht genauso streng. Es macht außerdem die Augen rot, die Stimme langsam und die Bewegungen phlegmatisch. Und ich kann mir vorstellen, dass das Gehirn dieser menschlichen Amöbe mittlerweile nur eine formlose, gallertartige gräuliche Masse ist, die einfach nur so vor sich hin schwappt und ab und zu bei geistigen Anstrengungen zu den Ohren ausläuft.

Frauchen will all das nicht wahrhaben. Sie ist nun mal so, dass sie jedem Menschen gern immer wieder eine zweite, dritte, zehnte Chance gibt, weil sie stets an das Gute in jedem glaubt.

Doch unbewusst weiß sie die Wahrheit schon längst, denn sie weint oft. Tränen sind sehr nützlich für die Menschen, sie sind eine Art Instinktersatz, denn durch die Tränen äußert sich all das, was Menschen mit ihrem Verstand unterdrücken wollen.

Deshalb weinen Menschen.

So wie Frauchen heute, auch wenn heute eigentlich nichts Neues passierte. Es war alles wie immer: Er hat versprochen zu kommen und verspätete sich, und Frauchen wusste nicht, was sie tun sollte. Zur Wahl hatte sie folgende Möglichkeiten:

1. Ihn anzurufen. Folge: Er würde sagen, sie enge Ihn ein und kontrolliere ihn.
2. Ihn *nicht* anzurufen. Folge: Er würde sagen, sie habe Probleme mit sozialen Kontakten.
3. Einige Tage abzuwarten und dann anrufen. Folge: Er würde wieder beleidigt fragen: „Dich gibt's auch noch?" und so tun, als hätte Er auf Frauchens Anruf gewartet.
4. Ihn ignorieren. Folge: Er würde sich von selbst wochenlang oder überhaupt nicht mehr melden, um meinem Frauchen eine Lektion zu erteilen, damit sie tut, was Er will und damit Er wieder sauer auf Frauchen sein kann.

Und wenn ich mir diese Optionen so anschaue, erscheint mir mein Auswanderungs-Dilemma irgendwie weniger wichtig. Objektiv gesehen wäre das Vorstehende ein besserer Stoff für eine antike Tragödie. Denn egal, was Frauchen tut, wird es immer falsch sein. Und selbst wenn sie nichts tut, wird es auch falsch sein.

Eine klassische Zwickmühle also, aus der es keinen Ausweg gibt.


**09.03.2006**

Frauchen ist immer noch sehr traurig und weint immer noch ab und zu. Ich für meinen Teil freue mich sehr, denn, soweit ich meinem exzellenten Riecher vertrauen kann, und das konnte ich bislang immer, werden wir Ihn wohl nie wieder sehen. Das sind schon mal gute Nachrichten. Nach und nach wird die Welt um uns besser, Fräulein Ü. haben wir bereits vertrieben und jetzt ist Er wohl auch für immer weg. Es ist nur gut für Frauchen, doch das scheint sie noch nicht zu verstehen, trotz ihrer vielen Tränen, die doch aus purer flüssiger Wahrheit gemacht sind.
Ich könnte ihr so viel sagen, aber ich schweige, was ja bekanntlich mit Gold gleichzusetzen ist. In manchen Lebenslagen – sei es bei einem Menschen, einer Katze, einem Hund oder einem Alien (wobei ich schon immer der Meinung war, dass Hunde einfach Aliens *sind* und somit zu den Fremdkörpern auf unserem schönen Planeten gehören, die konsequent beseitigt werden sollten) – helfen kein Trost und keine Weisheiten, und die

Tränen hören erst dann auf, wenn die Erkenntnis des wahren Grundes für die Traurigkeit an die Oberfläche kommt. Der Grund steckt tief im Menschen (Katze, Hund etc.) und der Weg an die Oberfläche ist oft lang, schwierig und von Schmerz begleitet.
Wir Katzen wissen es.
Wir wissen es schon seit Anbeginn unseres Katzendaseins. Das ist auch der Grund, warum wir nie weinen – weil unsere Erkenntnis den Tränen vorausgeht. Bei den Menschen dagegen ist es eben umgekehrt, es liegt möglicherweise daran, dass die Menschen in ihrer mentalen Entwicklung noch nicht so weit wie die Katzen sind und noch einige Jahrhunderte brauchen. Bei den Menschen ist es andersrum: da wird die Erkenntnis erst durch die Tränen befreit, so als würde sie mit den Tränen vom Herzen an die Oberfläche fließen, die Wangen herunter kullern und schließlich in der Erde versickern. Die alte Erde ist geduldig und in der Lage, sehr große Lasten zu tragen. So trägt sie auch ruhig und schweigsam die Tränen aller Menschen seit Anbeginn der Zeit. Die Tränen der Menschen verwandelt sie in Nützliches, sie sind Nahrung für neue Pflanzen und Blumen, die aus der Erde sprießen und ein Zeichen dafür sind, dass mit einer jeden Erkenntnis etwas Neues beginnt,

etwas Frisches und Unberührtes geboren wird.

Der Hanno sagte einmal zu mir, dass es von den Menschen allein abhängt, was sie anschließend mit dem Neuen anfangen. Doch oft beachten die Menschen das Neue nicht, sie zertrampeln die Pflanzen, ohne sie zu sehen und beschweren sich lieber, wie schlecht es ihnen geht. Man muss sich eben bücken, um den Duft einer Blume zu riechen und das macht vielen Menschen zu viel Mühe.

Dabei ist es doch die Mühe wert.

Ich weiß, vielleicht bin ich etwas streng mit den Menschen, eigentlich gebe ich Hanno Recht und sehe ein, dass man nicht verlangen kann, dass Menschen sich wie Katzen verhalten und alles von vornherein richtig machen. Vielleicht brauchen Menschen nicht nur Jahrhunderte, sondern noch einige Jahrtausende innerer Entwicklung, um dorthin zu gelangen, wo wir Katzen schon immer waren. Deshalb schwieg ich, als Frauchen heute weinte. Max war auch ganz leise, obwohl ich an seinen Augen sah, dass er auch gern etwas gesagt hätte.

Frauchens Tränen kullerten die Wangen herunter und Max tat plötzlich das, worauf eigentlich auch ich hätte kommen sollen, und dass ich *nicht* darauf kam, lag lediglich daran, dass meine tief philosophische Natur dazu neigt, ernst zu nehmende Angelegenheiten zunächst einmal von allen Seiten gedanklich zu betrachten. Und neuerdings auch in diesem Tagebuch zu beschreiben. Max dagegen ist noch ein ungebildeter Blödmann, aber ich habe heute große Achtung für ihn und sein Feingefühl gewonnen. Er handelte aus dem Bauch heraus und tat das einzig Richtige: er legte sich neben Frauchen aufs Sofa und begann zu schnurren. Daraufhin legte ich mich an Frauchens andere Seite und, weil ich ein eher schweigsamer Typ bin, schnurrte ich nicht (ein doppeltes Geschnurre wäre außerdem viel zu laut gewesen und die gerade gewonnene Gemütlichkeit wäre *passé*, wie das meine Urururururururururururururur-großmutter[12] väterlicherseits auszudrücken pflegte, die Französin war und deren Frauchens Urururgroßtante sogar die Katze der Kammerzofe der Nichte der Cousine des Napoleon Bonaparte kannte), sondern legte meine Pfote auf Frauchens Hand. Menschen mögen es und ich habe schon oft beobachtet, wie sich Frauchens Hände und die Hände

---

[12] Bitte… Ich hab's ausgeschrieben. (Anm. v. Egon)

dieses Kerls berührten. Ich nahm an, dass meine Berührung angenehmer war, da Seine Hände absolut ungemütlich waren, kaum mit Fell bewachsen, meine Pfoten dagegen sind schön flauschig und weich, wie es sich gehört.

Wir lagen einfach da, Max und ich, und leisteten Frauchen Gesellschaft.

Draußen wurde es langsam dunkel, der Regen prasselte gegen die Fensterscheiben und zeichnete darauf unzählige silberne Fährten. Im Heizkörper blubberte es ab und zu  und die kleine Lampe tauchte das Zimmer in ein sanftes Licht. Max schnurrte und Frauchen beruhigte sich langsam. Irgendwann seufzte sie und wir bemerkten, dass sie eingeschlafen war.

Ihr Gesicht war wieder ruhig, glatt und die Tränenspuren trockneten nach und nach. Wir wichen die ganze Nach lang nicht von ihrer Seite und wärmten sie, so gut wir konnten.

## 10.03.2006

Max und ich haben heute eine ernsthafte Besprechung gehabt. Wir wollten uns etwas überlegen, was Frauchen zum Lachen bringen könnte. Ein Brainstorming war Punkt eins der Tagesordnung und wir hatten sofort eine gute Idee.

Wir haben beschlossen, abzuwarten, wenn Frauchen von ihrer Arbeit kommt, uns füttert, sich aufs Sofa setzt und traurig wird – wie es in den letzten Tagen immer der Fall gewesen ist. Wenn es soweit war, wollten wir eine wilde Jagd veranstalten, eine Jagd mit Springen, Buckeln, Fauchen und mit-der-Pfote-angreifen – alles, was Menschen mögen und lustig finden und was uns Katzen ohnehin nicht schwer fällt.

Max hat angeboten, zusätzlich noch ein Lied zu komponieren und es Frauchen vorzutragen, doch ich habe es ihm schnell ausgeredet, da ich weiß, dass der menschliche Musikgeschmack ein wenig seltsam ist und dass Menschen von guter Katzenmusik nichts verstehen.

Also blieb es bei der inszenierten Jagd.

Ungeduldig warteten wir auf Frauchen. Wir verschlangen hastig unser Essen und beobachteten, wie sich Frauchen traurig aufs Sofa setzte, ihren Kopf auf die Hände stützte, in die Ferne starrte und dabei seufzte.

Es war alles, wie wir es erwartet hatten. Unsere Vorstellung konnte beginnen.

Mit meinem großen Auftritt.

Langsam, geschmeidig und elegant (so bewege ich mich immer und die Natürlichkeit war in diesem Fall besonders wichtig, deshalb war ich für diese Rolle wie geschaffen) ging ich durch das Zimmer. Den Schwanz – um eine gute Figur zu machen – trug ich leicht aufgeplustert, die Pfoten waren samtweich und lautlos. Ich tat so, als würde ich zur Fensterbank wollen, um dort mein Nickerchen zu halten. Aus dem Augenwinkel beobachtete ich Frauchen.

Sie bemerkte mich nicht.

Ich kehrte schleunigst um und versuchte wieder, durchs Zimmer zu stolzieren.

Keine Reaktion.

Beim dritten Mal, als ich schon fast meine Geduld verlor und dem Gold des Schweigens durch ein lautes, aufforderndes „Miau!" beinahe entsagte, da schaute sie endlich zu mir.

Ihre Augen waren leer und das Gesicht wirkte wie ein leeres Blatt Papier, weiß und ohne jeglichen Ausdruck. Ich habe mir fest vorgenommen, dieses Blatt mit Freude zu beschriften.

Ich stellte meinen Schwanz noch etwas höher und stolzierte wieder durchs Zimmer. Hinter meinem Rücken lauerte Max. Schritt für Schritt, mit angelegten Öhrchen und in geduckter Stellung näherte er sich mir. Als er nur noch einige Zentimeter hinter mir war, streckte er seine Pfote und berührte mein Hinterbein.

Das haben wir so abgesprochen, ebenso meine anschließende Reaktion, die einfach prachtvoll ausgefallen ist. Als ich die Berührung spürte, bin ich anderthalb Meter in die Luft geschossen, machte einen Prachtbuckel, fiel wieder auf den Boden (auf alle vier Beine natürlich), fauchte und lief buckelnd davon.

Max folgte mir in großen Sprüngen. Ich flüchtete mich auf die Fensterbank und legte mich ganz flach hinter einen Blumentopf, mit an den Kopf angelegten Ohren. Max sprang mir hinterher und ich schoss wieder in die Luft, wobei ich mit beiden Pfoten wild um mich schlug. Max machte auf erschrocken und buckelte mich an. Ich sprang herunter und lief in den Flur.

Eine wilde Jagd begann, wir rasten durch die ganze Wohnung, sprangen in die Luft, auf Schränke, Anrichten, wir schlichen uns an und erschreckten einander aus dem Hinterhalt und so weiter. Dabei haben wir natürlich aufgepasst, dass nichts kaputt geht oder runtergeschmissen wird. Wir können es, wenn wir wollen, glaubt mir.

Es war ein kraftraubendes Spektakel, aber es lohnte sich. Denn schon bei der Blumentopf-

Nummer sahen wir ein leichtes Lächeln in Frauchens Gesicht, es sah zwar aus wie der Schatten eines Lächelns, wie eine blasse Fotokopie, aber es ermunterte uns zu weiteren Kunststücken. Als wir dann durch die gesamte Wohnung jagten, da wurde das Lächeln immer deutlicher, bis Frauchen irgendwann einfach laut loslachte.

Dass sie dabei wieder weinte, hatte diesmal nichts mit der Traurigkeit zu tun. Es waren endlich die Tränen der Erkenntnis, gute Tränen, mit denen immer etwas Neues beginnt.


**12.03.2006**


Die gestrige Jagd war eine Wohltat – nicht nur für Frauchen, das wieder lachen kann, sondern auch für mich. Und hoffentlich auch für Max. Schon lange habe ich mich nicht mehr so gemütlich müde und angenehm ausgelaugt gefühlt. Mein Körper ist aber gleichzeitig voller Kraft und verlangt nach noch mehr Bewegung, nach einer weiteren Herausforderung für meine geschmeidigen Muskeln. Irgendwie gut, dass es den Max gibt. Vielleicht werden wir solche wilden Jagden öfter veranstalten – ob für Frauchen oder einfach für uns, um uns fit zu halten. Genüsslich auf der Fensterbank zu liegen ist zwar schön, doch etwas Gleichgewicht dazu ist sehr erwünscht. Solange ich allein war, konnte ich es nur schlecht. Eine Jagd allein zu veranstalten ist schwierig. Ich meine, es *ginge*, aber seinen eigenen Schwanz zu jagen – das machen doch nur kleine Kätzchen!

Gut, dass es den Max gibt.

**13.03.2006**

Heute ist wieder der 13. Ob das für mich wieder ein wichtiges Datum ist?
Schon möglich.

Vor einem Monat kam Max zu uns und mein Leben hat sich von Grund auf verändert. Ich bin in dieser Zeit zu einigen neuen Erkenntnissen gelangt, unter anderem, dass Neuerungen einem manchmal ganz gut tun und dass Max doch ein netter Kerl ist. Er hat immerhin Frauchen zum Lachen gebracht, was mir sehr wichtig war, und er scheint mich zu mögen. Und … tja, ich hätte nie gedacht, dass ich es je sagen würde, aber ich mag ihn auch. Wir werden schon viel Spaß miteinander haben und irgendwie miteinander auskommen, wobei ich nicht ausschließe, dass wir uns dann und wann auch raufen werden.

Aber das gehört einfach zum Leben.

Der Hanno wäre jetzt stolz auf mich.

Und was meinen Umzug nach Norwegen anbelangt… Ich weiß noch, ich habe den Hanno einmal gefragt, ob er nicht gerne woanders wohnen würde. Er verneinte die Frage und meinte, dass die Heimat und das Zuhause immer dort sind, wo jemand auf einen wartet. Das Zuhause besteht nicht aus vier Wänden, sagte Hanno, es ist vielmehr ein Platz im Herzen von jemandem, der uns lieb hat, ein Platz, der immer für einen frei gehalten wird, egal wie lange man weg ist. Deshalb sei Hanno selbst gerne im Tierheim gewesen. Dort seien die einzigen Menschen und Katzen gewesen, die ihn richtig gerne hatten und auf ihn warten würden, wenn er aus irgendeinem Grund weg gewesen wäre.

Und so kam ich zu meiner dritten, wohl der wichtigsten Erkenntnis bzw. eher zu einer Entscheidung: ich werde nicht nach Norwegen ziehen. Ich bleibe hier, bei Frauchen und bei Max. Sie sind es, die mich vermissen und auf meine Rückkehr warten würden und das zeigt, dass mein Zuhause hier ist.

In den grünen Wäldern Norwegens – seien sie noch so schön – warten nur die stillen Schatten meiner Vorfahren auf mich. Ich kann mir aber gut vorstellen, dass sie dort, in ihrer ruhigen Schattenwelt, gut aufgehoben sind und ohne mich bestens auskommen werden.

P.S.: Max und ich veranstalten heute Nacht ein Geheimtreffen. Nur wir beide, Menschen müssen draußen bleiben. Wir wollen gemeinsam ein wenig Katzenminze schnuppern.

Ich freue mich drauf!

## ÜBER EGON

Kater Egon wurde im Jahre 2001 geboren. Wo und wann genau – das bleibt sein Geheimnis. Auch darüber, was er die nächsten zwei Jahre seines Lebens so gemacht hat, wollte uns Egon nie etwas verraten.

Erst zwei Jahre später wurde er nämlich im Bergpark Wilhelmshöhe in Kassel gefunden und ins Tierheim Wau-Mau-Insel gebracht.

Am 7. Mai 2003 kam er aus der Wau-Mau-Insel zu seinem Frauchen und äußerte gleich den Wunsch, den siebten Mai zukünftig als seinen Geburtstag zu feiern. Zu diesem Zeitpunkt war er ein typischer Zweijähriger, ein heranwachsender Jungspund mit Punker-Frisur im provokativen Stil der 80-er Jahre, die, wie man munkelte, das Ergebnis einer hygienebedingten Zwangsrasur im Tierheim war.

Im Februar 2006 zog der damals 5 Monate alte Kater Max bei Frauchen ein und inspirierte Egon zu seinen Memoiren, die im Jahre 2007 zum ersten Mal veröffentlicht wurden. Zeitgleich entstand Egons Facebook-Seite, die bald zu einer humorvollen und freundlichen Gemeinschaft für zahlreiche Katzenfans wurde.

Im Jahre 2012 veranstaltete Egon die „Egonalia" – die tierfreundliche Antwort auf die moderne Kunstausstellung documenta und kurze Zeit später die weihnachtliche Poesie-Revue „Unterm Kratzbaum". Beide Events waren ein voller Erfolg und erfreuten sich reger Teilnahme. Er nahm auch an den Aufnahmen zu einem Werbespot für ein Kasseler Fachgeschäft für Tierbedarf teil, der aber leider bislang nicht fertig gestellt wurde.

Egon starb am 01.12.2013, doch seine Facebook-Seite ist nach wie vor ein beliebter Treffpunkt für zahlreiche Katzenfreunde.

Die Facebook-Seite findet ihr, wenn ihr in der Suchmaschine eures Vertrauens oder direkt im Facebook-Suchfenster das Stichwort „Egon der Kater, Buchautor" eintippt. Die Seite ist für alle Internetnutzer sichtbar, ihr müsst also kein Facebook-Mitglied sein, um mitlesen zu dürfen.

## ÜBER DIE AUTORIN
(pardon, die *Schreibkraft*)

Anna Janas, geboren 1974, studierte Soziologie an der Universität Kassel. Nach dem Magisterab-schluss legte sie die staatliche Prüfung für Übersetzer ab und arbeitete selbständig als gerichtlich vereidigte Übersetzerin im juristi-schen, soziologischen und psychologischen Bereich.

Durch ihre Übersetzertätigkeit entwickelte sie nach und nach ein zunehmendes Interesse für Menschen und ihre Probleme. In den darauffolgenden Jahren absolvierte sie eine Ausbildung zur Entspannungspädagogin und begann anschließend eine Weiterbildung zur systemischen Therapeutin und Heilpraktike-rin für Psychotherapie.

Anna Janas hat zwei Katzen (Tiger und Mrs. Monk, 14 und 9 Jahre alt), lebt und arbeitet in Kassel.